Hans Stumpf

Der effiziente Businessplan

REDLINE WIRTSCHAFT

Hans Stumpf

Der effiziente Businessplan

- Von Anfang an richtig planen
- Marktchancen richtig einschätzen
- Unternehmensziele setzen

REDLINE WIRTSCHAFT

Bibliografische Information der Deutschen Bibliothek

Die Deutsche Bibliothek verzeichnet diese Publikation in der Deutschen Nationalbibliografie.
Detaillierte bibliografische Daten sind im Internet über http://dnb.ddb.de abrufbar.

ISBN 3-636-01311-4

Unsere Web-Adresse:
http://www.redline-wirtschaft.de

Redaktion: Marit Borcherding, Göttingen
Umschlaggestaltung: Vierthaler & Braun, München
Satz: Jürgen Echter, Landsberg am Lech
Druck: Himmer, Augsburg
Printed in Germany

Inhalt

Inhaltsverzeichnis 5

Leseeinladung: Warum Sie dieses Buch lesen sollten 11

Sie als Unternehmer 15

Bin ich ein Unternehmertyp? 15
Grundlage: fachliches Wissen 16
Grundlage: kaufmännisches Wissen 17
Grundlage: Unternehmergeist 18
Unternehmer sein: mentale und materielle Voraussetzungen 20

Was will ich erreichen? Erfolg planen 23
Ziele geben Kraft und Richtung 23
Fundament aus Werten 28
Ziele finden, definieren und erreichen 31
Persönliches Lebensziel 34
Jahreszielplanung 37

Zeitmanagement zur Schaffung von Freiräumen 39
Die richtigen Aufgaben machen 39
Zeitdiebe ausschalten 40
Alles zu seiner Zeit 43
Heute ist der wichtigste Tag in meinem Leben 44

Ist Arbeit alles? Ein Leben in Balance 47
Ein Leben in Balance als Notwendigkeit 47
Ihre Lebensbereiche 49
Tipps für ein Leben in Balance 51

Kommunikation als Schlüssel zum Erfolg 56
Auf vier Ebenen empfangen 56
Kommunikationsstörungen 57
Kommunikation heute 60

Ihr Unternehmen **65**

Anders als alle anderen – das Erfolgsmodell 65
Die Lage der Nation 65
Alles anders als alle anderen – aber was? 69
Neue Bedürfnisse und Märkte schaffen 73

Ziele strukturieren und planen im Businessplan 77
Businessplan: Der Fahrplan zum Ziel 77
Rentabilitätsvorschau 81
Kalkulation – die Ermittlung des Preises 84

Geld beschaffen und damit umgehen 89
Investitionsplanung 89
Geld beschaffen 91
Rating – so sieht uns die Bank 94
Umgang mit Forderungen 97

Alles im Griff 101
Stimmt der Weg? Controlling 101
Organisation satt Chaos 104

Ihre Mitarbeiter **107**

Mitarbeiter suchen und auswählen 107
Menschen finden 107
Menschen auswählen 109

Führung mit Stil 111
Motivation als Schlüssel 111
Bedürfnisse erkennen 113
Gemeinsam Ziele erreichen 116

Mitarbeiter fördern und fordern 118
Fördern kommt vor Fordern 118
Sie dürfen auch fordern 120

Selber ausbilden 123
Ausbilden als Chance 123
Die richtigen Auszubildenden bekommen 124
Arbeitsunterweisung für besten Lernerfolg 127

Ihre Kunden ... **133**

Erfolgsfaktor Kunde! ... 133
So definieren wir Kunde ... *133*
Der Kunde und die W-Frage ... *141*
Nutzenbieter für den Kunden ... *142*
Den Kunden kennen ... *147*

Kunden finden – Werbung ... 157
Das ist Werbung ... *157*
Werbung ist ein Muss ... *158*
Selber werben im Verkaufsgespräch ... *167*
Aus Reklamationen Werbung machen ... *171*

Kunden binden – Marketing ... 175
Das ist Marketing ... *175*
Ihr Standort auf dem Marktplatz ... *177*
Marketing planen ... *181*
Ideen sind gefragt ... *183*

Kunden zu Partnern machen ... 191
Keiner hat mehr den Durchblick ... *191*
Partnerschaft durch Einblicke ... *193*
Partnerschaft durch Ausblicke ... *197*

Gemeinsam sind wir stark: Netzwerke bilden ... 199
Netzwerke mit Kunden und Gleichgesinnten ... *199*
Netzwerk an Wissen ... *201*
Netzwerk für den Kunden ... *204*

Schlusswort: Jetzt geht´s los! – Was Sie jetzt tun sollten ... 209

Leseempfehlung: Was Sie auch lesen können! ... 211

Über den Autor ... 213

Stichwortverzeichnis ... 215

Anmerkung

Um das Arbeiten mit diesem Buch für Sie möglichst einfach und effizient zu gestalten, haben wir wichtige Textpassagen mit folgenden Icons gekennzeichnet:

! Achtung wichtig!

Stolperstein

Das sollten Sie auf jeden Fall vermeiden!

z.B. Beispiel

Tipp Tipp

Leseeinladung: Warum Sie dieses Buch lesen sollten

Reicht mein fachliches Wissen heute noch aus, um als Unternehmer erfolgreich zu sein? Klare Antwort: nein. Es hat auch früher nicht ausgereicht. Fachliches Wissen ist aber die Grundlage für unternehmerischen Erfolg. In Zeiten des ständigen Aufschwungs haben sich viele mit durchgeschummelt, obwohl sie keine Unternehmer im eigentlichen Sinne des Wortes waren.

In nahezu allen Wirtschaftsbereichen sprechen wir heute aber von gesättigten Märkten. Kunden, die nur zu Ihnen kommen und kaufen, weil es keinen anderen gibt, finden Sie immer weniger. Der Markt in seiner ganzen Vielfalt verzeichnet zwei klare Tendenzen: Zum einen wird der Billigsektor größer, zum anderen geben immer mehr Verbraucher zunehmend Geld im hochpreisigen Marktsegment aus. Der mittlere Bereich bekommt diesen Trend mehr und mehr zu spüren. Sie als Unternehmer oder Existenzgründer müssen wissen, wohin Sie wollen.

Beginnen Sie also von jetzt an, Ihr Unternehmen zu meistern. Anfangen müssen Sie dabei bei sich selbst. Erfolgreiche und glückliche Menschen führen tolle Unternehmen mit besten Mitarbeitern und begeisterten Kunden. Seien Sie angenehm anders als andere.

Wer sich wirklich etwas leisten will, muss vorher leisten, was er wirklich will. Dienstleistung ist das Zauberwort für unternehmerischen Erfolg. Sicherlich im übertragenen Sinne auch für den privaten Erfolg. Dienen Sie Ihren Kunden und bringen Sie Leistungen, die sie begeistern.

Den Weg dorthin können Sie mit mir und mit diesem Buch gehen. Der Zen-Buddhismus beschreibt den Weg als das Ziel. Daraus lässt sich ableiten, dass Erfolg ein Weg ist, kein Ziel. Leider ist Erfolg nicht dauerhaft. Heute Erfolg zu haben, heißt nicht automatisch immer erfolgreich zu sein. Heute Erfolg zu haben zeigt jedoch, dass Sie wissen, wie Erfolg produziert werden kann. Diese Erfolgsformel möchte ich gemeinsam mit Ihnen weiterführen. Ich möchte Ihnen Denkanstöße geben, damit Sie nachdenken und vor allem vordenken. Der erste Teil des Buches beschäftigt sich deshalb mit Ihnen als Unternehmer. Was für Fähigkeiten braucht ein Unternehmer? Sind Sie ein Unternehmertyp? Kann man den Beruf Unternehmer überhaupt erlernen? Hier finden Sie Antworten auf diese Fragen und klare Handlungsanweisungen.

Sie erkennen aber auch, wie wichtig es ist, sich Ziele zu setzen. Was will ich persönlich erreichen? Wer sich diese Frage stellt, der macht schon den ersten Schritt Richtung Erfolg. Sie lesen in diesem Buch auch einiges über ein Leben in Balance. Ich werfe Ihnen Gedanken zum Nachdenken über die eigene Situation zu. Ist Arbeit wirklich alles? In diesem Zusammenhang wird auch das Thema Zeitplanung vorgestellt, damit Sie Ihre eigenen Ressourcen vernünftig nutzen können.

Wenn ich Ihnen schließlich das Thema Kommunikation näher bringen will, dann meine ich hier nicht nur die modernen Kommunikationsmittel wie E-Mail und Internet. Vielmehr geht es um so einfache Dinge wie das persönliche Gespräch mit Mitarbeitern oder eine Verkaufspräsentation vor Kunden. Aus meiner eigenen Erfahrung gebe ich Ihnen weiter, was hier zu beachten ist, und Sie bekommen ganz konkrete Tipps.

Erst im zweiten Teil dieses Buches geht es um das Unternehmen selber. Lassen Sie uns einige Unternehmen betrachten, die eine ganz einfache Erfolgsformel haben: Sie sind anders als alle anderen. Ein Businessplan fasst Ihre Ideen, gepaart mit klar strukturieren Plänen, konkreten Zahlen und Fakten zusammen. Diesen zu erstellen, ist eine Aufgabe. Viel wichtiger ist jedoch auch, ihn umzusetzen, sowie weiterzuentwickeln. Dieses Buch zeigt Ihnen, wie das geht.

Eine gute Idee, eine Marktlücke, ein neuer Markt – das alleine reicht noch nicht aus. Zwangsläufig stellt sich die Frage nach dem Geld. Also der Finanzierung. Neben harten Fakten gibt es hier eine Reihe von so genannten weichen Faktoren, die zu berücksichtigen sind. Welche? Auch das können Sie hier nachlesen.

Die oben genannten und im Buch erarbeiteten unternehmerischen Ziele haben nicht nur psychologische Bedeutung. Vielmehr fließen sie auch in das Thema Rating mit ein. Eng damit verbunden ist auch das Controlling. Dies war und ist in vielen Unternehmen noch zu sehr vergangenheitsbezogen. Wer würde schon die Windschutzscheibe seines Autos verhängen, in den Rückspiegel schauen und mit Vollgas vorwärts fahren? Die Kreditvergabe durch die Banken und auch das Controlling ist oft genau nach diesem Schema gelaufen. Um dies künftig besser machen zu können, bekommen Sie in diesem Buch entsprechende Praxistipps und Checklisten.

Ähnliche einleuchtende Beispiele finden Sie auch, wenn es um den Umgang mit den Mitarbeitern geht. Wer Erdnüsse füttert, der muss sich nicht wundern, wenn er von Schimpansen umgeben ist – so ein aussagekräftiges Zitat. Es muss aber auch gerade im Hinblick auf dieses Zitat gesagt werden, dass man Hände kaufen kann, Herzen nicht.

Was wir brauchen, sind aber gerade die Mitarbeiter, die mit Herz und Verstand im Unternehmen sind. Sie als Chef können nicht alles alleine machen. Aufgaben müssen delegiert werden. Eigenverantwortung der Mitarbeiter, Mitdenken und Eigeninitiative sind wesentliche Erfolgsgaranten. Mitarbeiter müssen zu Mitunternehmern werden. Dieses Buch zeigt Ihnen, wie das funktioniert und gibt Denkanstöße und Umsetzungshilfen.

Denn nur gute Mitarbeiter sind es, die verkaufen. Wer glaubt, dass ein Hochglanzprospekt oder eine tolle Homepage genügen, der irrt. Ich gebe Ihnen zwar auch zu diesen Themen Tipps und Hinweise, doch nur das umzusetzen, reicht nicht aus.

Wichtiger ist, dass Ihnen die Bedeutung der Kunden bewusst wird. Ein Unternehmen ist dann erfolgreich, wenn es dauerhaft die Bedürfnisse der Kunden befriedigt. Leistung wird erst dann zum Wert, wenn man sie verkauft. So wie für einen Chef die Mitarbeiter im Mittelpunkt stehen müssen, so muss für ein Unternehmen der Kunde als Partner im Mittelpunkt stehen.

Lesen Sie hier im Buch ganz praktische Hinweise zur Werbung als Teil des Marketings und zu weiteren Marketingmaßnahmen. Sind sie durchdacht und pfiffig, dann sind sie auch finanziell machbar! Praktische Tipps regen Sie zu eigenen Initiativen an. Hierzu gehört es auch, Netzwerke mit Kunden und Partnern zu bilden. Anregungen hierfür finden Sie im letzten Abschnitt des Buches.

! Im Buch werden Beispiele aufgezeigt. Wenn Sie diese nachmachen, dann können Sie nie der Erste sein. Die Beispiele sollen vielmehr zum Nachdenken und vor allem zum Überdenken und Vordenken anregen.

Also lassen Sie uns das Unternehmen meistern. Sie haben das Potenzial dazu. Vor mir bekommen Sie Beispiele, Fragen, Hinweise und Tipps, die Sie zum Nach- aber vor allem zum Vordenken anregen. Mit Checklisten und klaren Handlungsempfehlungen bin ich Ihnen behilflich. So meistern Sie dann Ihr Unternehmen.

Sie als Unternehmer

Bin ich ein Unternehmertyp?

Wir können heute vieles lernen. Die Zahl der Studiengänge und die Möglichkeiten der beruflichen Aus- und Weiterbildung sind kaum überschaubar. Doch gibt es auch eine Ausbildung zum Unternehmer? Vor zehn Jahren waren derartige Institutionen in Deutschland noch Mangelware. Heute sieht es zum Glück schon wesentlich besser aus. In Schulen gibt es Schülerfirmen, wo die Schüler (meist virtuell) Unternehmer „spielen". Projekte wie „Lehrer im Chefsessel" sollen dazu beitragen, dass Theorie und Praxis der Wirtschaft mehr miteinander verzahnt werden.

In Fachschulen, wie zum Beispiel den Meisterschulen des Handwerks, wird dem Thema „Unternehmensführung" heute ein größerer Spielraum eingeräumt. Öffentliche Fachhochschulen und Universitäten, aber vor allem auch private Hochschulen sind in stärkerem Maße mit der Wirtschaft verzahnt. Schüler und Studenten lernen auf diese Weise direkt aus der Praxis für ihre spätere Praxis.

Ist dies aber schon eine Ausbildung für künftige Unternehmer? Sicherlich ist sie ein guter Grundstein, doch ausreichen wird sie so nicht. Lassen Sie uns überlegen, was einen Unternehmer heute ausmacht. Folgt man einem Wortspiel, kommt Unternehmer von unternehmen. Wer etwas unternimmt, wer etwas bewegt, der ist ein Unternehmer.

Gerade schwierige Zeiten zeigen die wahren Unternehmer. Schlechte Zeiten sind gut für gute Unternehmer, so kann man es auf den Punkt bringen. Das Wissen und Können eines Kapitäns erkennt man, wenn Sturm aufkommt. Die Unterlasser sind es, die bei schlechten Wetter Probleme bekommen und nicht die Unternehmer.

Grundlage: fachliches Wissen

Was braucht man also, um auch bei Sturm die Segel richtig setzen zu können? Bleiben wir gleich beim Beispiel Segeln: Grundlage für das sichere Führen eines Segelbootes, egal welcher Größe, ist das fachliche Wissen. Auch für Sie muss das fachliche Wissen das absolute Fundament ihrer beruflichen unternehmerischen Tätigkeit sein.

Die Novellierung der Handwerksordnung hat es möglich gemacht, dass in vielen Gewerken die Meisterprüfung nicht mehr zwingende Voraussetzung für die Führung eines Betriebes ist. Das ist die gesetzliche Lage.
Beachten Sie jedoch auch: Der Meisterbrief ist ein Titel, der Ihnen ein breites Fachwissen in Ihrer Branche bescheinigt. Sie haben als Meister also nicht nur den Titel, sondern durch Schule und Prüfung ein umfangreiches Fachwissen erworben. Meisterbrief und/oder ein umfassender und aktueller Wissensstand in Theorie und Praxis sind die Grundlage für unternehmerischen Erfolg.

Werden Sie Ihr eigener Bildungsmanager. Unser weltweit vorhandenes Wissen verdoppelt sich nahezu alle zwei Jahre. Kaum ein Bereich unseres Lebens und der Wirtschaft bleibt davon ausgenommen. Nehmen Sie Ihre eigene Weiterbildung in die Hand.

- Besuchen Sie Seminare, Kurse und Vorträge zum Beispiel von Händlern und Herstellern, der Produkte/Dienstleistungen, die Sie verarbeiten bzw. verkaufen. Belegen Sie aber auch Kurse von „neutralen" Anbietern wie Verbänden, Innungen und Kammern.
- Lesen Sie regelmäßig Fachbücher und Fachzeitschriften.
- Tauschen Sie sich mit Kollegen aus. Es ist ein offenes Geheimnis, dass viel Fachwissen und Erfahrung nicht aus Fachbüchern, sondern aus der täglichen Praxis kommt.

Grundlage: kaufmännisches Wissen

Neben dem fachlichen ist heute mehr denn je kaufmännisches und betriebswirtschaftliches Wissen notwendig. Auf jemanden der bisher »privat« Autos recht erfolgreich repariert hat, kommen als Unternehmer noch ganz andere Aufgaben zu: Buchführung, Steuern, Rechnungsstellung und Mahnwesen, Lohnabrechnungen. Die Liste ließe sich fortsetzen.

Einen Teil dieser Aufgaben wie etwa die Buchführung können Sie delegieren. Das kostet allerdings auch wieder Geld. Andere Aufgaben wie das Schreiben von Rechnungen oder der Einkauf müssen zumindest in der Gründungsphase in Ihren Händen bleiben. Nicht umsonst sagt man: »Das Geld wird im Büro verdient und nicht in der Werkstatt.«

Auch hier wieder der Vergleich zum Segeln. Knoten und Stiche sind notwendiges Handwerkszeug. Der Umgang mit Navigationsinstrumenten und Karten sind aber genauso wichtig. Auf einem kleinen Tümpel kann man sicherlich darauf verzichten; nicht jedoch, wenn man sich auf großen Seen oder dem Meer bewegt.

Tipp Haben Sie zumindest einfache Buchführungskenntnisse, dann können Sie diese selber vornehmen. Mit Hilfe von entsprechender Software ist es nahezu problemlos möglich wiederkehrende Posten wie den Rechnungseingang (Einnahmen) oder Aufwanderfassungen (Ausgaben) zu verbuchen. Vorteil ist dabei neben dem Kostenfaktor, dass Sie Ihre Zahlen ständig parat haben. Sie müssen natürlich auch laufend gepflegt, also gebucht werden. Ein Mittelweg ist, wenn Sie gegen Bezahlung jemanden etwa einmal wöchentlich für zwei Stunden beschäftigen. Es gibt Buchführungsbüros, die auch Ihnen solche Dienstleistungen anbieten.

Grundlage: Unternehmergeist

Die hier aufgezeigten unternehmerischen Grundfähigkeiten Fachwissen und betriebswirtschaftliches/kaufmännisches Wissen können Sie erwerben. Es gibt inzwischen schon »Unternehmerschulen« oder »Unternehmerseminare«. Diese haben sicherlich ihre Berechtigung. Doch genauso, wie man Mitarbeiterführung nur durch die tägliche Arbeit lernen kann, bekommt man nach meiner Auffassung Unternehmergeist nur durch tägliche Praxis.
Und wie ist es beim Segeln? Sobald ein zweiter Mann/ eine zweite Frau mit an Bord ist, braucht es einen, der die Kommandos gibt. Verfolgen Sie doch mal eine Bootsausfahrt! Vielleicht dürfen Sie auch mal mitfahren? Als Erstes werden Ziel und Route festgelegt. Entweder macht dies der Kapitän alleine oder mit seiner Crew. Danach prüft man die nötigen technischen Voraussetzungen.
Diese Aufzählung von notwendigen Tätigkeiten beim Segeln ließe sich noch viel weiter fortführen. Erkennen Sie Parallelen zum Unternehmen? Der Kapitän führt mit rauem Ton (autoritär) oder die Crew wird mit einbezogen, es wird gemeinsam gehandelt und alle ziehen freiwillig am selben Strang (Teamarbeit) – alles ähnlich wie im Unternehmen. Was auf einem Segelschiff der Kapitän ist, ist im Betrieb der Chef.
Unternehmer zu sein, heißt auch mit Menschen auf vielfältigen Ebenen umzugehen. Sie treffen auf Kunden, Mitarbeiter, Lieferanten, Behördenvertreter, die Öffentlichkeit, Medienvertreter – überall sind es Menschen, mit denen Sie zu tun haben.

> Selbst wenn Sie nur über das Internet einen Handel betreiben, haben Sie es mit Menschen zu tun. Dies dürfen Sie nicht außer Acht lassen. Auch bei einem E-Mail-Kontakt hinterlassen Sie beim Empfänger einen Eindruck. Dieser entscheidet mit über Ihren Geschäftserfolg.

Unternehmer zu sein, heißt also auch, die Mitmenschen zu mögen. Nur wenn Sie gerne mit Menschen zusammen sind, wenn Sie gerne mit Ihnen reden, dann sind Ihre Kunden, Mitarbeiter, Lieferanten usw. auch auf Ihrer Seite.

! Ihre Ziele erreichen Sie am leichtesten mit Partnern. Helfen Sie anderen bei Ihrer Zielerreichung und Sie werden merken, wie auch Ihnen geholfen wird.

Wir sprechen hier von einer »Win-win-Situation«. Sie helfen Ihren Partnern ihre Ziele zu erreichen. Ihre Mitarbeiter verdienen bei Ihnen Geld. Viel wichtiger ist jedoch, dass Ihre Mitarbeiter bei Ihnen Bestätigung und Achtung erfahren. Gleichzeitig helfen Ihnen Ihre Mitarbeiter dann, Ihr Unternehmensziel zu erreichen. Im übertragenen Sinne gilt dies auch für Kunden, Lieferanten und Ihre weiteren Kontaktpersonen.

Tipp Sammeln Sie praktisches Unternehmerwissen! Wo? Wenn es in Ihrem gegenwärtigen beruflichen Umfeld nicht oder noch nicht so gut geht, dann werden Sie »Unternehmer« in der Freizeit. Engagieren Sie sich in Verbänden und Vereinen. Treiben Sie Mannschaftssport, da ist es auch möglich, sich als Teamleader einzubringen. In einer solchen Rolle lernen Sie Menschen zu führen und anzuspornen, Sie können Verantwortung übernehmen und lernen damit umzugehen.

Ehrenamtlich können Sie viel Erfahrungen sammeln: Als Kassierer lernen Sie den Umgang mit Geld. Sie müssen Beiträge eintreiben, eingehende Rechnungen prüfen, überweisen und verbuchen, Fördermitglieder suchen. Als Pressesprecher eines Vereins üben Sie sich im Umgang mit der Presse und den Medien.

Natürlich muss es Ihnen auch Freude bereiten. Ganz nebenbei können Sie wichtige Kontakte knüpfen. Kontakte schaden nämlich nur dem, der sie nicht hat.

Unternehmer sein: mentale und materielle Voraussetzungen

Sie wollen sich selbstständig machen? Sie sind bereits selbstständig, aber es klappt einfach nicht so richtig? Der Volksmund bringt es klar auf den Punkt: Der Fisch beginnt am Kopf zu stinken. Aus triftigem Grund steht das Kapitel »Unternehmer sein« am Anfang dieses Buches. Sie sind es, der an allererster Stelle über den Erfolg Ihres Unternehmens bestimmt. Die nachfolgende Checkliste stellt Ihnen Fragen, die Sie sich selbst bitte ganz ehrlich beantworten.

Checkliste: Habe ich das Zeug zum Unternehmer / Existenzgründer?

Hier einige Fragen, die Sie für sich oder auch mit Ihrem Partner beantworten sollten:
Themenbereich „Ausbildung und Fachkenntnisse“:

- ❑ Passt Ihre Berufsausbildung zu der Branche, in der Sie sich selbständig machen wollen?
- ❑ Welchen Wert legten Sie bisher auf Weiterbildung? Ist Ihr Wissen auf dem neuesten Stand der Technik Ihrer Branche?
- ❑ Haben Sie umfassende betriebswirtschaftliche und kaufmännische Kenntnisse?
- ❑ In welchem Umfang konnten Sie bisher Verkaufserfahrungen sammeln?
- ❑ Konnten Sie bisher schon Führungserfahrungen sammeln, also Mitarbeiter motivieren, organisieren und kontrollieren?

Themenbereich „Persönliche Lebensverhältnisse“:

- ❑ Sind Sie bereit, zeitlich wesentlich länger zu arbeiten? Ist Ihnen bewusst, dass eine 60-Stunden-Woche keine Seltenheit ist?
- ❑ Haben Sie innerhalb Ihrer Familie den notwendigen Rückhalt? Nimmt man Ihnen innerhalb der Familie bestimmte Pflichten und Aufgaben ab?

❑ Ist Ihre Familie bereit, Sie auch längerfristig tatkräftig zu unterstützen?

Themenbereich „Physische und psychische Verfassung":

❑ Waren Sie in den letzten Jahren durchwegs körperlich fit und leistungsfähig?
❑ Haben Sie Krankheiten, Behinderungen oder Allergien, die Ihnen früher oder später gesundheitliche Probleme bereiten könnten?
❑ Für Frauen: Wollen Sie Kinder? Können entstehende Auszeiten vor, während und nach der Geburt überbrückt werden?
❑ Halten Sie Stressbelastungen auch länger stand? Weichen Sie derartigen Situationen eher aus oder suchen Sie Lösungen?
❑ Können Sie sich selber motivieren und Ziele setzen? Als Unternehmer haben Sie keinen Vorgesetzten mehr, der Sie unter Druck setzt!

Themenbereich „Berufliche Zukunft in der jetzigen Situation":

❑ Stehen Ihnen bei Ihrer jetzigen beruflichen Tätigkeit Aufstiegschancen offen?
❑ Wie sehen Sie die Chancen Ihres bisherigen Betriebes am Markt? Haben Sie einen »relativ sicheren« Arbeitsplatz?

Themenbereich „Finanzen":

❑ Haben Sie persönliche finanzielle Polster, auf die Sie im Notfall zugreifen können?
❑ Kann Ihr Ehepartner oder Lebensgefährte in Engpässen durch sein Einkommen für Ihren gemeinsamen Lebensunterhalt sorgen?
❑ Können Sie Eigenkapital und/oder Sachmittel für eine Unternehmensgründung einbringen?

!

Diese Fragen sollten Sie gemeinsam mit Ihrem Ehepartner/Lebensgefährten durcharbeiten. Im ersten Schritt arbeitet jeder die Fragen für sich durch. Ihr Partner oder Ihre Partnerin schätzt Sie dabei ein. Im zweiten Schritt nehmen Sie dann bitte noch diese Einschätzungen mit auf.

Bitte nehmen Sie die Fragen jedoch nicht zu ernst. Ich habe diese Fragen einigen überaus erfolgreichen Unternehmern erst Jahre nach ihrer Existenzgründung vorgelegt. Manche hätten aufgrund des Fragebogens eigentlich gar kein Unternehmen gründen dürfen.
Warum sind sie trotzdem erfolgreich? Ganz klar: Sie hatten ein Ziel.
Eine asiatische Weisheit sagt: »Wenn du ein Schiff bauen willst, dann lehre den Menschen die Sehnsucht nach dem Meer.« Auch diese erfolgreichen Unternehmer hatten eine Sehnsucht, wir sollten jedoch lieber Ziel dazu sagen.

Tipp

Im Internet gibt es eine Vielzahl von Unternehmertests, die Sie online und anonym ausfüllen können. Sie sollten die Ergebnisse allerdings nicht in jedem Fall für bare Münze nehmen. Doch sie geben zumindest einen Trend vor. Letztlich sind Sie es, der entscheidet, ob Sie ein guter oder ein weniger guter Unternehmer sind.

Zusammenfassung: Als Unternehmer müssen Sie mehrere Fähigkeiten miteinander vereinen. Fachliches Wissen ist unabdingbar. Ständig muss es aktuell gehalten werden. Kaufmännisches Wissen ist die Chance, mit fachlichem Können Geld zu verdienen. Also ist kaufmännisches Grundwissen, mehr denn je auch Fachwissen, heute unabdingbar.
Hinzu kommt der besagte Unternehmergeist. Der Mut, Ideen und Visionen umzusetzen, kann zwar nicht gekauft, jedoch erlernt werden. Wie überall müssen zusätzlich die mentalen und materiellen Voraussetzungen stimmen bzw. vorbereitet werden.

Was will ich erreichen? Erfolg planen

Ziele geben Kraft und Richtung

Wer würde sich schon in sein Auto setzen und einfach losfahren? Wahrscheinlich niemand. Wer in sein Auto einsteigt, der hat ein Ziel, das er erreichen will. Auch wenn es nur darum geht, sich die Zeit zu vertreiben (Sonntagsausflug), ist das ein Ziel. Und wie ist es in Ihrem Leben? Haben Sie private und berufliche Ziele? Wissen Sie, was Sie eigentlich wollen?

»In Wahrheit heißt etwas wollen, ein Experiment machen, um zu erfahren, was wir können«, sagte Friedrich Nietzsche. Wenn Sie etwas wollen, dann können Sie dies auch erreichen. In *Dichtung und Wahrheit* schrieb Johann Wolfgang von Goethe, dass unsere Wünsche die Vorgefühle der Fähigkeiten seien, die in uns liegen. Lassen Sie uns aus unseren Wünschen nun Ziele machen und ihnen auf diese Weise ein ganzes Stück näher rücken.

Bleiben wir beim Beispiel des Autofahrers: Nur wenn er sein Ziel kennt, kann er auf dem Weg dorthin Entscheidungen treffen. Rechts abbiegen oder geradeaus weiterfahren? Er kann den Weg selbst bestimmen. Wer im Leben keine Ziele hat, der kann sich leicht fremdbestimmen lassen. Chef, Kollegen, Mitarbeiter, Kunden und Lieferanten bestimmen dann, wann Feierabend ist. Wollen Sie dies? Daheim ist es noch nicht zu Ende: Ehefrau oder Ehemann, Kinder, Verwandte etc. – jeder will etwas von Ihnen. Doch was wollen Sie?

Auch bei beruflicher Selbstständigkeit sind Sie nicht vor Fremdbestimmung gefeit. Wer nicht weiß, was er will, der nimmt Aufträge an, die ihn kein Stück weiterbringen. Das merken Sie spätestens dann, wenn Ihnen die Freude an der Arbeit abhanden kommt. Was man gerne tut, tut man gut. Was man gut tut, tut man gerne. Sie sehen: So einfach kann Erfolg sein. Doch wenn Sie fremdbestimmt sind, dann sagen Ihnen eben andere, was zu tun und zu lassen ist. Der Faktor Freude bleibt auf der Strecke. Sie sind wie ein Drachen im Wind, der jedem Windhauch folgt.

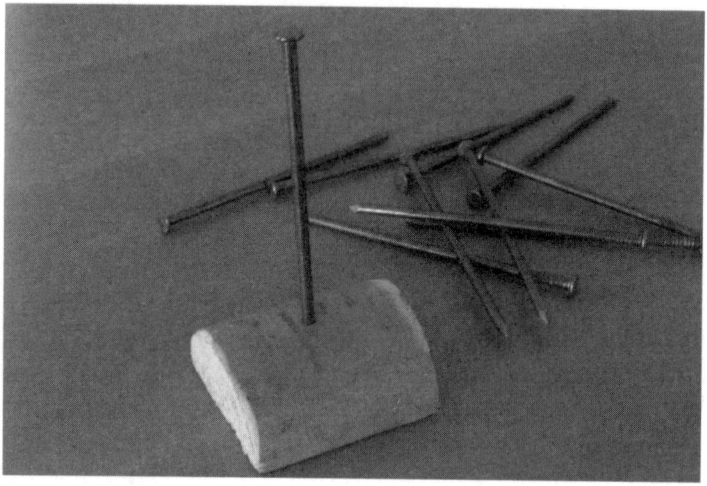

Können Sie ohne mechanische oder magnetische Veränderung 10 Nägel auf diesen einen stehenden Nagel auflegen? Unmöglich werden viele denken, es ein oder mehrere Male probieren und schließlich aufgeben.

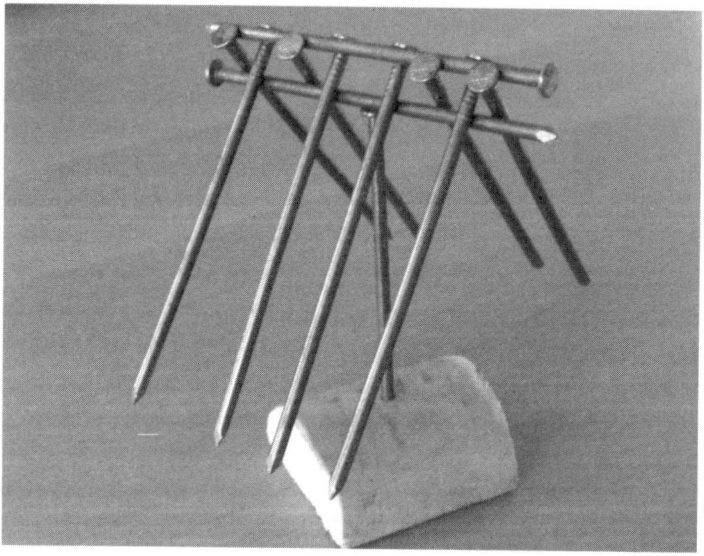

Vielleicht finden Sie nach langem Suchen auch die Lösung und machen es so, wie hier zu sehen. Wenn Sie es einmal geschafft haben, können Sie es immer wieder tun. Vieles, was uns heute unmöglich scheint, ist möglich. Schwierig wird es, weil wir es nicht tun.

Ich will jedoch, dass Sie ein Ziel haben und aufrecht im Wind stehen. Jeder Mensch hat die Möglichkeit sein eigenes Leben zu leben. Obwohl sicherlich das ein oder andere in unserem Land verbessert werden muss: Wir leben in Freiheit. Diese Freiheit kann jeder nutzen, um seine ureigenen Ziele zu verfolgen.
Wer wahre Ziele hat, die er verfolgt, bleibt länger frisch. Man sieht es diesen Menschen förmlich an. Man spürt in ihrer Gegenwart, dass sie Freude an der Arbeit haben. Wobei Arbeit dann eigentlich das falsche Wort ist. Denn Arbeit wird ja leider mit Anstrengungen und Belastung verbunden. Arbeit kann auch Erfüllung sein. Sie ist es jedoch nur dann, wenn ein Ziel damit verbunden ist.
Wenn Sie im Besitz von Zielen sind, können Sie überprüfen, ob Sie diese erreicht haben. Ein Autofahrer ist am Ende seiner Fahrt ganz objektiv und klar in der Lage zu beurteilen, ob er sein gestecktes Ziel erreicht hat. Auch persönliche und unternehmerische Ziele lassen sich mehr oder weniger stark auf Erreichung prüfen.
Dies ist aus zwei Gründen wichtig: Erstens müssen Sie erkennen, ob Sie mit der richtigen Strategie und den richtigen Werkzeugen gearbeitet haben. Ein Holzfäller, der in fünf Minuten einen großen Baum fällen will, merkt schnell, ob er das richtige Werkzeug verwendet. Hat er nur eine Axt, braucht er wesentlich länger als fünf Minuten. Wenn er sich kein Zeitlimit gesetzt hat, wird er nie merken, dass er mit der Axt sehr lange braucht, also unproduktiv ist. Er kommt nie auf die Idee, ein anderes Werkzeug zu verwenden, weil er einfach in den Tag hineinarbeitet.

!

Ziele im Kopf sind nur Träume. Einen Traum jedoch aufzuschreiben, das ist der erste Schritt zum Ziel. Legen Sie Ihre Ziele schriftlich fest.
Sie kennen es vielleicht noch aus der Schule: Was man auf Spickzettel geschrieben hat, das wusste man dann in der Prüfung ohne nachzuschauen. Ihre Ziele müssen also visualisiert werden.

Der zweite Grund, warum Sie sich Ziele setzen müssen, ist ein freudiger: Erfolge müssen/dürfen gefeiert werden. Ist ein Ziel erreicht, haben Sie allen Grund dies zu feiern. Das heißt für mich, sich für seinen Erfolg etwas zu gönnen. Machen Sie sich und Ihren Mitarbeitern eine Freude. Dies motiviert mehr als irgendwelche finanziellen Anreize und hält auch wesentlich länger an. Gefeierte Erfolge schaffen die besten Voraussetzungen für neue Erfolge. Die Spirale des Erfolgs beginnt im Kopf.
Feiern Sie jedoch auch kleine Erfolge. Haben Sie Ihre Tagesziele erreicht, dann gehen Sie mit Freude in den Feierabend. Dort können Sie Ihre erreichten Ziele feiern. Gerade diese Trennung zwischen Arbeit/Beruf auf der einen und Familie/Freizeit/Hobby auf der anderen Seite ist wichtig. Mehr dazu in den weiteren Abschnitten.
Erfolge feiern heißt jedoch auch, den Geist des Erfolges aufsaugen. Bergsteiger bleiben auf dem Gipfel stehen und genießen die Aussicht oder bei schlechtem Wetter die Ruhe. Sie sind danach voller Energie und haben Kraft für den Abstieg. Bei neuen Gipfeltouren freuen sie sich wieder auf den Ausblick. Das motiviert natürlich. Genauso können wir uns über unsere Erfolge freuen und auf diese Weise Energie für neue Aufgaben sammeln. Das Erreichen von Zielen schafft also Kraft und Mut für neue Ziele.

Tipp Führen Sie feste Rituale ein, mit denen Sie persönliche Erfolge feiern. Belohnen Sie sich mit etwas, das Ihnen Freude macht – jedoch nur dann, wenn Sie Ihr Ziel erreicht haben. Belohnen Sie sich auch für kleine Ziele. Sie sind Etappenerfolge auf dem Weg zum großen Ziel. Zwischenerfolge sind zum einen Zeichen für den richtigen Weg und geben zum anderen Energie, um weiterzumachen. Feiern Sie und freuen Sie sich gemeinsam mit Ihren Partnern, Mitarbeitern und vor allem auch mit Ihrer Familie.

z.B. Haben Sie einen Auftrag erfolgreich abgeschlossen oder eine Arbeitswoche erfolgreich beendet, dann können Sie dies feiern. Damit muss kein rauschendes Fest gemeint sein. Es ist etwa durchaus angemessen, wenn man sich bei einem Getränk zusammensetzt und redet. Sie können Ihr erreichtes Ziel feiern und auch gleichzeitig das weitere Vorgehen planen. Heute nennt man dies neudeutsch »After-Work-Party«. Die Arbeitnehmer in Österreich sagen »Schicht-Seidl« (Schicht-Bier) dazu. Hinter beiden steckt der gleiche Grundgedanke: den Übergang von Arbeit und Freizeit nicht so abrupt ausfallen zu lassen. Themen aus dem Arbeitsbereich können in einer völlig anderen Atmosphäre beredet werden. Gleichzeitig bleibt jedoch auch die Möglichkeit, Dinge aus dem Privatbereich zu besprechen, für die im Berufsalltag eigentlich keine Zeit ist. Sie als Chef sollten dies bewusst nutzen. Feiern und genau dieser Faktor »Geist«, die positiven mentalen Aspekte bei der Zielerreichung sind es, die bei vielen zu kurz kommen. Sie haben keine Ziele und können somit nicht aus der Kraft schöpfen, die sie eigentlich dort tanken könnten.

Natürlich sind auch Fakten und Zahlen wichtig. Um Controlling einsetzen zu können, brauche ich Soll-Zahlen, die dann mit den Ist-Zahlen verglichen werden. Man weiß es jedoch aus dem Spitzensport: Über Erfolg oder Misserfolg entscheidet letztlich die mentale Stärke. Mentale Stärke heißt vor allem auch, Ziele zu haben.

Von Walt Disney stammt ein Zitat, das diese mentale Stärke für mich auf den Punkt bringt: »What you can dream, you can do.« Was Sie träumen können, das können Sie auch erreichen. Davon bin ich überzeugt. Probieren Sie es aus. Es wird funktionieren.

Es ist jedoch nicht gesagt, dass dies leicht ist. Das musste auch Walt Disney spüren. Als er seinen ersten Freizeitpark bauen wollte, brauchte er Geld. Sein Traum war ein Land, in dem er Kinder glücklich machen konnte. Weder die erste noch die zweite Bank gab ihm Geld. Und so ging es weiter.

Bei über 330 Banken (kein Schreibfehler!) hat Disney vorgesprochen, bevor er das nötige Geld bekam. Wer heute in einen der Disneyparks geht oder sich das ganze Disney-Imperium mit Fernsehsendern und Filmstudios anschaut, wird feststellen, dass die 332. Bank ihr Geld gut investiert hat. Sie hat an Walt Disney geglaubt. Noch wichtiger ist jedoch, dass Disney selbst an sich geglaubt hat. Hätte er dies nicht getan, hätte er kein Ziel gehabt, wäre er dann zu 332 Banken gegangen?

Fundament aus Werten

Ihre Ziele können so individuell sein wie Sie selbst. Ich erlaube mir jedoch, Ihnen einige Ratschläge zu geben. Ihre Ziele müssen auf Normen und Werten beruhen. Kriminelle Ziele und Ziele, die die Menschenwürde unterlaufen, werden langfristig zum Scheitern verurteilt sein. Beispiele hierfür finden sich sowohl in der Weltpolitik, als auch im ganz privaten Bereich.

Die griechischen Philosophen Platon (427–347 v. Chr.) und Aristoteles (384–322 v. Chr.) haben vier Kardinaltugenden als Inbegriff wahrer Menschlichkeit erkannt: Gerechtigkeit, Tapferkeit, Maß und Klugheit tragen den Menschen auf seinem Weg der Selbstwerdung. Zugleich sind die Tugenden auch Kräfte, die uns zur Verfügung stehen, damit unser Leben gelingt.

Man nennt sie seit Aristoteles Kardinaltugenden. »Cardo« steht dabei für Türangel. Sie ist Voraussetzung, dass wir eine Tür öffnen und schließen können. Es hängt also von den Kardinaltugenden ab, ob wir Zugang zu unserem inneren Potenzial bekommen und ob unsere Kräfte auch nach außen wirken können.

Gerechtigkeit sieht Platon bei Menschen, die das rechte Gleichgewicht zwischen den drei Seelenteilen erworben haben. Geist, Gemüt und der begehrliche Bereich der Seele müssen in Einklang gebracht sein. Der gerechte Mensch muss nicht taktieren und tricksen. Er überzeugt durch seine Klarheit und seinen Realitätssinn.

Mit Tapferkeit ist eine ursprüngliche Tugend der Soldaten gemeint. Doch muss nicht auch ein Unternehmer oder eine Führungskraft

Kardinaltugenden: ein sicheres Fundament

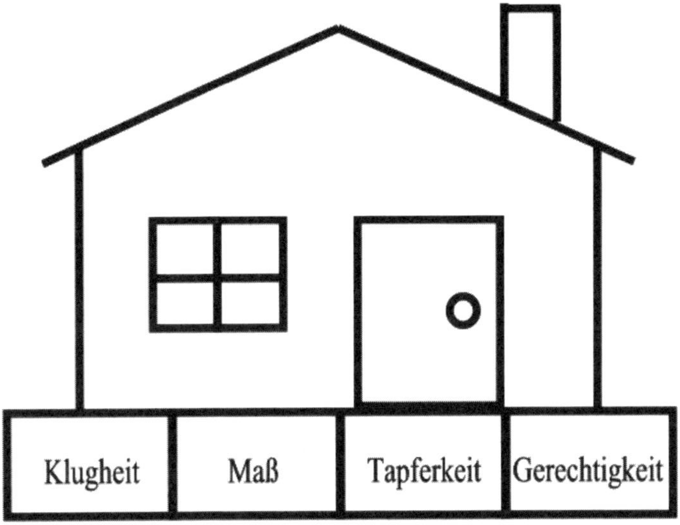

tapfer sein? Das deutsche Wort »tapfer« hat verschiedene Bedeutungen: fest, schwer, gewichtig, streitbar, kühn, herzhaft. Der Tapfere ist bereit zu streiten, aber nicht im Sinne des »Streithammels«. Vielmehr streitet er um seine Ziele und seine Überzeugung. Tapferkeit heißt aber auch Geduld zu haben.

Die Tugend des rechten Maßes heißt zuerst, sein Maß zu erkennen. Erst dann vermag ich meinem rechten Maß entsprechend zu leben. Ich muss meine Veranlagungen, mein Potential und meine Kräfte erkennen. Diese Tugend verlangt eine große Disziplin. Disziplin ist die Kunst, das Leben in die Hand zu nehmen und so zu ordnen, wie es meinem ganz inneren Wesen entspricht. Das rechte Maß erkennen heißt auszuloten, was ich zu leisten vermag. Dieses Ausloten bedeutet vor allem auch, meine Grenzen zu erkennen. Bis wohin kann ich gehen?

Wer sein Maß kennt, der überfordert sich nicht. Das rechte Maß ist auch nicht »Mittelmaß«. Ich weiß ja, was ich kann. Wer sein Maß erkannt hat, der wird alle Kräfte bündeln und auf sein Ziel ausrichten. Sein rechtes Maß hat man jedoch nie ein für alle Mal gefunden. Ich muss immer wieder neu ausprobieren, was gerade jetzt im Moment mein Maß ist.

Heute spricht man vom »Flow«, wenn man das richtige Maß meint. Mihalyi Czikszentmihalyi erkannte diesen schmalen Streifen zwischen Unterforderung auf der einen Seite und Überforderung auf der anderen Seite. Flow heißt so viel wie Glücksgefühl oder Erfüllung. Menschen gehen sprichwörtlich in ihrer Tätigkeit auf. Studien wie die von Czikszentmihalyi zeigen auch, dass der Flow meist nicht in der Freizeit, sondern während einer Arbeit erreicht wird.

Bestandteile von Flow-Erlebnissen sind: ein klares Ziel vor Augen; Erfolgsmaßstäbe haben, Feedback bekommen; eine Herausforderung, die nur leicht die Fähigkeit übersteigt; Konzentration; Kontrolle; Selbstvergessenheit; Verlust des Zeitempfindens; selbst gesteckte Ziele. Nach Czikszentmihalyi ist es das Tun an der oberen Leistungsgrenze, was uns in der Sache voll und ganz aufgehen lässt.

Die vierte Kardinaltugend ist die Klugheit. Dabei handelt es sich um die Fähigkeit herauszufinden, was jetzt für mich und für die anderen angemessen und gut ist. Der heilige Thomas von Aquin (1224–1274) sieht hier jedoch als Grundlage die Erkenntnis des Guten voraus. Das deutsche Wort »klug« steht für: fein, zart, zierlich, gebildet, geistig gewandt, mutig, beherzt. Der Kluge denkt nicht alleine mit dem Kopf, sondern auch mit dem Herzen. Er sieht feine Unterschiede, die manchem groben Geist verborgen bleiben.

Die Klugheit bewahrt uns vor unnötigen Fehlern. Jesus lobt den klugen Mann, der sein Haus auf den Felsen gebaut hat. Der kluge Mann weiß, worauf es ankommt; er handelt überlegt. Das Haus wird auf stabilen Grund gebaut, so dass ihm die Stürme des Lebens nichts anhaben können.

Die Kardinaltugenden der Antike hat Thomas von Aquin mit christlichen Werten ergänzt. Apostel Paulus hat diese im 1. Brief an die Korinther 13,13 als Dreiheit von Glaube, Hoffnung und Liebe beschrieben. Hier sei nur stichwortartig angemerkt, dass gerade Unternehmer den Glauben an sich selbst (persönliche Anmerkung: auch an Gott),

sowie die Hoffnung nie aufgeben dürfen. Dies sollte mit der Fähigkeit verbunden sein, zu erkennen, wann es tatsächlich zu spät ist. Nur dann können Sie rechtzeitig gegenlenken und neue Wege gehen.
Sicherlich leichter gesagt als getan. Doch wer sich mit offenen Augen umschaut, wird viele positive Beispiele in der Geschäftswelt finden, gerade auch in anscheinend schlechten Zeiten. Glaube, Hoffnung und die Nächstenliebe zu den Mitmenschen zeichnen diese Unternehmer aus.

z.B. Ein Unternehmer hat einen einfachen wie einleuchtenden Leitspruch. Er sagt: »Ich liebe meine Kunden.« Dies zeigt sich im ganzen Unternehmen durch einen besonderen Service, durch hervorragende Produkte, durch höchst motivierte Mitarbeiter. Für den Unternehmer sind selbst seine Mitarbeiter Kunden, denn er will ja auch etwas von ihnen. Sie sind für ihn einzigartig und somit nicht austauschbar. Die Mitarbeiter untereinander sehen sich ebenfalls als interne Kunden und leben auf diese Weise den Leitspruch.

Ziele finden, definieren und erreichen

Christian Morgenstern sagte einmal: »Wer das Ziel nicht kennt, wird den Weg nicht finden.« Finden Sie also erst Ihr Ziel, damit Sie den Weg dorthin bestimmen können. Sie werden sehen, dass es funktioniert. Dass es leicht ist und ohne Mühe, steht jedoch nirgends.
Wie können Sie jedoch Ihre Ziele finden? Viele wissen nicht, was sie eigentlich wollen. Wer hat schon ein Lebensziel? Wer hat das auch schriftlich niedergelegt? Denn nur so ist ein Ziel auch materiell vorhanden und nachprüfbar. Der Grund für das Fehlen liegt auf der Hand: Über viele Jahre wurden wir fremdbestimmt. Elternhaus, Schule, Beruf – zahlreiche Einflüsse haben auf uns gewirkt, haben uns geprägt. Vieles hat uns positiv beeinflusst; das ein oder andere aber hat uns auch in eine ungewollte Richtung geschoben.

Auch wenn es für Sie inzwischen weit weg ist: Bei Ihrer Zielfindung sollten Sie mit Ihrer Kindheit beginnen. Was haben Sie damals gerne gemacht? Warum war das so? Fragen Sie sich einfach mal ganz ehrlich. Warum dies? Christian Richter spricht in seinem Buch *Der authentische Manager* von sieben Irrtümern auf dem Weg zur eigenen Mission. So könne es ein Irrtum sein, seine jetzige Tätigkeit oder Rolle als Mission anzusehen. Gleichzeitig könne es aber auch falsch sein, seinen heutigen Beruf als zu weit weg von seiner Mission zu begreifen. Auch muss die eigene Mission nach Ansicht von Christian Richter nicht immer etwas »Großes« sein. Die Irrtümer fußen auch hier wieder auf dem Problem der Fremdbestimmung.
Der Begründer des Management-Werkzeugs *Unternehmer-Energie* Josef Schmidt – übrigens auch Meister seines Faches, nämlich gelernter Bäckermeister – stellte den Teilnehmern seiner Seminare klare Fragen, wenn es um die Lebenszielplanung ging: »Was mache ich gerne? Mit welchen Tätigkeiten hatte ich bisher besondere Erfolge? Welchen Nutzen biete ich damit wem?«

Checkliste: Was machte ich gerne? Was mache ich gerne?

- ❑ Was habe ich mit 10 Jahren gespielt?
- ❑ Welche Freunde hatte ich mit 10 Jahren? Wie schätze ich heute die damaligen Rollenverhältnisse ein?
- ❑ Was hatte ich in der Schule für Lieblingsfächer? Was kam mir leicht vor?
- ❑ Was sind meine größten persönlichen und beruflichen Erfolge?
- ❑ Wie habe ich diese erreicht?
- ❑ Was macht mir heute am meisten Freude bei der Arbeit?
- ❑ Was macht mir heute in der Freizeit am meisten Freude?

! Lebenszielplanung kann nicht einfach so nebenher gemacht werden. Gebraucht werden hierfür Ruhe, Abstand und eine andere Perspektive. Idealerweise wäre dies eine Aufgabe für den Urlaub. Sie können sich auch einige Tage in ein Kloster zurückziehen. Viele Klöster bieten Beherbergungsmöglichkeiten. Dort haben Sie Ruhe vom Alltag und die Chance, auf Ihre innere Stimme zu hören.

Wir müssen also zuerst unsere Begabungen kennen. Dies können wir dadurch tun, indem wir uns einen Spiegel vorhalten und dabei offen und selbstkritisch unsere Stärken suchen. Meist fallen dann nebenbei auch die Schwächen auf. Ich sage bewusst nebenbei, denn diese dürfen wir nicht so hoch bewerten.

Vielleicht kennen Sie es noch aus der Schule. Da gab es Mitschüler, die waren in irgendeinem Fach Spitze. Der hochgeschossene blonde Junge zum Beispiel, der ein hervorragender Sportler war. Über seine Leistungen im Sport hat man viel geredet. Dass er in anderen Fächern nicht so gut war, das wussten die wenigsten.
Und wie ist es bei Ihnen? Sie wollen überall gut sein. Was dabei herauskommt, ist Mittelmäßigkeit. Das machen leider auch die Mehrzahl der Firmen. Wenn man dann nach der Zielgruppe fragt, heißt es »Die Menschen in unserer Stadt.« Das kann nicht gut gehen. Setzen Sie doch bewusst auf Ihre Stärken!

Es gibt aber auch Gegenbeispiele, das sind Menschen, Firmen und Konzerne, die sich klar auf das spezialisieren, was sie am besten können. Das Beispiel in der Automobilbranche schlechthin ist Porsche. Das Unternehmen bieten Sportwagen mit stärksten Motoren, höchster Technik und Qualität zu ebenfalls höchsten Preisen an. Das Unternehmen ist gegenwärtig der profitabelste Autobauer weltweit. Das 3-Liter-Auto ist dort sicherlich nicht das Thema.

Und was macht VW, was ja im Übrigen für Volkswagen steht? Vom Lupo als Einstiegsmodell, bis hin zum Phaeton, dem Luxusmodell, gibt es alles. Leider ist der Lupo für viele aus dem Volk zu teuer und der Phaeton für das »verwöhnte« Volk zu viel Volkswagen.
VW. weiß aber auch, wie es anders geht. Mit den Nobellimousinen von Bentley ist eine Marke unter dem Konzerndach, die eigentlich gar nicht mit Volkswagen in Verbindung gebracht wird. Mit dem Fox wurde jetzt ein tatsächliches Einstiegsmodell auf dem Markt gebracht.

z.B. Beispiele, wie Menschen ihr Lebensziel mit einem Unternehmensziel verbinden und Nutzenbringer werden, gibt es tausendfach. Da ist der Konditormeister, der mit Perfektion Desserts fertigt. Wenige Kilometer von einem Flughafen entfernt, hat er die Flugzeug-Caterer als Zielgruppe entdeckt. Diesen liefert er höchst professionell und termingenau Desserts für die Fluggäste der 1. Klasse. Produkt und Service stimmen – sicherlich deshalb, weil er »dies unheimlich gerne macht«, wie er selber sagt.

Persönliches Lebensziel

Machen Sie also das, was Sie gerne tun, was Sie gut tun und wofür Sie eine Zielgruppe haben. Dieser müssen Sie mit Ihrer Tätigkeit einen Nutzen bieten.
Ein Lebensziel ist eine schöne Sache. Doch wissen Sie, dass Ihr Leben heute über 80 Jahre dauern kann, was ich Ihnen gerne wünsche? In manchen Managementseminaren hat man die Teilnehmer gebeten, ihren eigenen Nachruf zu schreiben. Verzichten Sie darauf, es wirkt negativ und vor allem können Sie den selber nie hören.

Tipp Gerne gebe ich Ihnen folgenden Tipp: Stellen Sie sich mit Hilfe des folgenden Fragenkataloges Ihren Status quo im Jahre 20XX vor. Was wollen Sie innerhalb der nächsten 25 bis 30 Jahre erreicht haben? Dies ist ein Blick nach vorne. Sie sollten aber auch mit einbeziehen, was Sie bisher erreicht haben. Die Kraft positiven Denkens wird so regelrecht vorangetrieben. Marathonläufer berichten, dass ihr erster Marathon der schwerste war. Wer einen Marathon gelaufen ist, der läuft auch weiter. Die positiven Gedanken des einmal Erreichten geben Kraft für neue Aufgaben.

Hier kommt eine Checkliste, die Ihnen Impulse geben soll, über Ihr Lebensziel nachzudenken. Dieses Zitat von Martin Luther King kann Sie noch anregen vorzudenken: »Wenn es nichts gibt, für das es sich lohnt zu sterben, wofür sollten wir dann leben?«

Checkliste: Persönliche Lebensziele finden

Was will ich in ... Jahren erreicht haben?
Welche persönlichen Wünsche möchte ich mir erfüllen?

- ❑ Besitz
- ❑ Anerkennung (auf welchem Gebiet?)
- ❑ Erlebnisse
- ❑ Familie

Welchen Eindruck sollen meine Freunde und Partner von mir haben? Welche Leistungen muss ich dafür erbringen und was erwarte ich dafür?

- ❑ Kunden
- ❑ Öffentlichkeit

Welche Bedeutung erreiche ich durch meine Leistung?

- ❑ für mich persönlich
- ❑ für mein Unternehmen
- ❑ für die Mitarbeiter
- ❑ für die Kunden

Welche Wirkung hat mein Tun?

- ❑ für mich und meine Familie
- ❑ für meine Kunden

! Ihre persönliche Lebensplanung kann und darf nicht nur einmal niedergeschrieben werden. Mindestens einmal jährlich müssen Sie diese überprüfen. Haben Sie noch die gleichen Ziele? Hat sich bei Ihnen und in Ihrem Umfeld etwas verändert? Wie wird sich dies auswirken? Wie können Sie dies neu nutzen?

Sicher wird von mancher Seite jetzt der Einwand kommen, man habe sich schon oft genug mit der Lebenszielplanung auseinander gesetzt. Das ist schön, jedoch fehlte es häufig an der Konsequenz. Denn sich Gedanken zu machen ist das eine, das andere ist jedoch, diese niederzuschreiben.

Tipp Die Schriftlichkeit ist der erste Schritt, um aus Gedanken und Ideen konkrete Taten werden zu lassen. Deshalb muss eine Lebensplanung auch schriftlich formuliert werden. Wie will ich sonst nach einem Jahr sehen, wie sich mein Leben entwickelt hat und was aus meinen damaligen Träumen geworden ist? Wie kann ich dies sonst weiterentwickeln?

Ihre Lebensplanung ist natürlich etwas sehr Intimes. Diese sollten Sie nur für sich bzw. mit Ihrem Lebenspartner machen. Die geht keinen anderen etwas an. Deshalb nie in ein Zeitplanbuch einbringen oder an Stellen, die fremden Augen zugänglich sind.

Tipp Visualisieren Sie Ihre Träume. Sie wollen in den nächsten fünf Jahren ein Eigenheim besitzen? Suchen Sie sich schon jetzt Ihr Traumhaus aus und legen Sie ein Bild in Ihren Zeitplaner oder Ihren Geldbeutel. Sie können das Traumhaus auch als Bildschirmhintergrund (nicht als Bildschirmschoner) auf Ihren Computer laden. Das Bild wird sich in Ihrem Kopf regelrecht einbrennen. Ihr Unterbewusstsein wird alles tun, damit Sie dieses Ziel erreichen.

Jahreszielplanung

Auch eine Weltreise beginnt mit dem Schritt vor die Haustür. Denn wer ferne Ziele verfolgen will, muss viele kleine Schritte tun. Diese kleinen Schritte gilt es in einer Jahreszielplanung zu definieren. Unsere Ziele müssen in Erfolge umgewandelt werden. Erfolg ist also planbar.

Tipp Jahreszielplanung an Silvester ist zu spät. Sie wissen, was aus den guten Vorsätzen der Silvesternacht wird? Früher oder später sind sie vergessen.
Jahreszielplanung muss früher erfolgen. Für die meisten Unternehmen heißt dies im Monat November. Dann liegen aus dem laufenden Jahr schon umfangreiche Daten vor, die für die Jahreszielplanung des kommenden Jahres als Grundlage dienen. Gleichzeitig kann dann auch rechtzeitig das neue Jahresziel definiert werden.

Wie müssen wir vorgehen, wenn wir ein Jahresziel aufstellen wollen? Als Erstes muss überlegt werden, wer alles bei der Erstellung dabei sein sollte. Sind Sie als Unternehmer ein Einzelkämpfer, dann sollten Sie zumindest Ihren Ehepartner mit einbeziehen. Leiten Sie ein Unter-

nehmen mit mehreren Führungsebenen, dann müssen die entsprechenden Bereichsleiter teilnehmen.
Grundlage einer Jahreszielplanung ist immer die Analyse des zu Ende gehenden Jahres. Zu den Teilnehmern der Planungstage gehören dann auch diejenigen, die entsprechende Daten vorlegen und analysieren können. In einem Unternehmen mit Filialen wären dies die Filialleiterinnen bzw. Verkaufsleiterinnen, die Verantwortung für mehrere Filialen haben.
Von der Analyse des vergangenen Jahres ausgehend, können Sie Ihre neuen Jahresziele bestimmen. Ein Bergwanderer blickt bei einem Zwischenstopp auf seine bisher zurückgelegte Route. Er prüft, ob er noch immer Richtung Ziel unterwegs ist, oder ob er das Ziel vielleicht schon aus den Augen verloren hat. Mittels der Feststellung »Wo stehe ich eigentlich?« kann er sein weiteres Vorgehen festlegen.
Auf das Thema Jahresplanung für das Unternehmen möchte ich im Kapitel »Ihr Unternehmen« näher eingehen. Wichtig ist zunächst, für sich selbst eine Jahresplanung vorzunehmen.

Checkliste: Persönliche Jahresplanung

Analyse des vergangenen Jahres:

- ❑ Was waren privat meine zehn schönsten Momente?
- ❑ Was waren die Gründe für diese schönen Momente?
- ❑ Welche Konsequenzen ziehe ich daraus?
- ❑ Was waren meine drei negativen Momente?
- ❑ Was waren die Gründe für diese negativen Momente?
- ❑ Welche Konsequenzen ziehe ich daraus?

Meine privaten Ziele für das kommende Jahr:

- ❑ Familie
- ❑ Freizeit
- ❑ Urlaub
- ❑ Freundschaft
- ❑ soziales Engagement

> **Tipp** Notieren Sie Ihre Ziele bitte in der Gegenwartsform. Also: »Ich werde dieses Jahr nach Österreich in den Urlaub fahren.« Machen Sie es noch deutlicher, klarer und konkreter: »Ich fahre dieses Jahr vom 21. Juni bis 30. Juni nach Ramsau am Dachstein (Österreich) in den Urlaub zum Bergwandern.«
> Was sehen Sie vor Ihrem geistigen Auge? Ein klares Bild von Ihrem Urlaub in Ramsau. Sie sind (schon geistig) beim Bergwandern. Gerade zum Thema Urlaub heißt es doch: Vorfreude ist die schönste Freude. Nutzen Sie diese Vorfreude überall im Leben!

Zusammenfassung: Erfolg ist planbar. Die Gedanken und Ideen von heute sind die Werke von morgen. Ziele geben Ihrem Leben Kraft und Richtung. Sie müssen allerdings auf Werten aufgebaut sein. Wenn Sie wissen, was Sie wollen, können Sie erreichen, was Sie wollen. Wer selbst plant, unterliegt weniger einer Fremdbestimmung.

Zeitmanagement zur Schaffung von Freiräumen

Die richtigen Aufgaben machen

Mit der Zeitplanung haben Sie schon begonnen, bevor Sie Terminbücher, Zeitplaner und elektronische Zeitplaner in der Hand hatten. Zeitplanung beginnt nämlich, wenn Sie sich Ziele setzen. Zeitplanung heißt ja nichts anderes, als die zur Verfügung stehende Zeit so effektiv wie möglich zu nutzen. Zeit ist der Faktor, der jedem von uns in gleicher Menge zur Verfügung steht.
Trotzdem gibt es Menschen, die erfolgreicher als andere sind. Logisch, dass auch Faktoren wie Talent, Ausbildung etc. hier mit hereinspielen. Aber ist es nicht so, dass die einen ihre Aufgaben richtig machen. Die erfolgreichen Menschen machen jedoch die richtigen Aufgaben.

Günter F. Groß unterscheidet klar zwischen Strategie und Taktik: »Taktik ist, den besten Liegestuhl auf dem Kreuzfahrtschiff zu bekommen. Strategie ist, das richtige Schiff zu bekommen.« Zeitmanagement heißt leider für viele, die Aufgaben richtig zu machen. Wichtiger ist jedoch, dass wir die richtigen Aufgaben machen.
Deshalb kann Zeitplanung also nur dann erfolgreich sein, wenn ihr auch ein Ziel zugrunde liegt. Zeitplanung im eigentlichen Sinne hat nur die Aufgabe, die Ressource Zeit optimal auf die Zielerreichung auszurichten. Zeitplanung ohne Zielplanung ist deshalb sinnlos. Es mag zwar sein, dass Sie mit einer durchdachten Zeitplanung den einen oder anderen Termin oder die eine oder andere Aufgabe besser in den Griff bekommen, wesentlich weiter bringt es Sie jedoch nicht. Erfolgreich werden Sie erst, wenn Sie Ihre Ziele mit der Zeitplanung verknüpfen.

!

Ihr Jahresziel muss immer bei Ihrer Zeitplanung sein. Sie müssen stets vor Augen haben, wohin Sie eigentlich wollen. So können Sie entscheiden, ob eine Aufgabe wichtig und dem Jahresziel dienlich ist, oder ob sie nur Zeit kostet.
Was passiert, wenn Sie ziellos arbeiten, wusste schon Mark Twain: »Nachdem wir unser Ziel aus den Augen gelassen hatten, verdoppelten wir unsere Anstrengungen.«

Zeitdiebe ausschalten

Die dümmste Ausrede ist wohl »Ich habe keine Zeit«. Kein Gut auf der Welt ist so gut verteilt wie die Zeit. Jedem Menschen stehen täglich 24 Stunden zur Verfügung. Stimmen Sie mir zu? Doch warum kann es sich einer erlauben, schon um 15 Uhr im Fitness-Studio etwas für seinen Körper und somit für sein Wohlbefinden zu tun, während ein anderer um 20 Uhr noch im Büro sitzt?
Es sind Zeitdiebe, die uns hindern unsere Ziele zu erreichen. Dazu gehören sowohl hausgemachte Zeitdiebe, als auch solche, die von außen auf uns eindringen und uns unser wichtigstes Gut stehlen.

Zeitdieb Kleinigkeiten: Hier noch schnell ein Anruf, das noch schnell erledigen. 1000 Kleinigkeiten fordern uns täglich so ganz nebenbei. Vor lauter Kleinigkeiten bleibt aber das Wesentliche auf der Strecke.

Tipp Lösung: Sie geben Ihren Aufgaben Termine. Dann wird jedoch auch nur an der jeweiligen Aufgabe gearbeitet. Planen Sie genügend Zeit ein. Ist die Aufgabe zeitaufwändiger, dann zerteilen Sie diese in sinnvolle Zeitpakete. Zur Terminvergabe für Aufgaben gehören auch Pufferzeiten. Faustregel: Verplanen Sie nur die Hälfte der Ihnen zur Verfügung stehenden Zeit.

Zeitdieb Superziel: Wenn Sie für einen Marathon trainieren, umfasst Ihr erstes Training sicherlich nur wenige Kilometer. Und im Beruf? Sofort ist höchste Leistung angesagt. Immer weiter und schneller. Sie lassen sich von übertriebenen Zielen und von der Fremdbestimmung treiben.

Tipp Lösung: Sie haben Ihre Ziele vor Augen und setzen sich Zwischenziele. Sie legen die Messlatte tiefer.

Zeitdieb Körper und Geist: Wissen Sie, wie lange sich Menschen durchschnittlich konzentrieren können? Es sind nur wenige Minuten, dann lassen Sie sich wieder ablenken. Sie haben aber auch ganz menschliche Bedürfnisse, die Sie berücksichtigen müssen.

Tipp Lösung: Schaffen Sie sich ein positives Arbeitsumfeld. Dies beginnt mit den Räumlichkeiten. Licht, eine angenehme Temperatur und frische Luft sind die Voraussetzungen. Ist dies nicht möglich, dann ziehen Sie sich in eine solche Atmosphäre zurück, wenn Sie wichtige Aufgaben erledigen müssen. Vorträge und Geschäftsbriefe lassen sich auf einem Notebook auch im Park schreiben.

Schaffen Sie Ärger und Frust auslösende, irritierende Gegenstände am Arbeitsplatz aus Ihrem Blickfeld. Jetzt haben Sie Platz für eine positive Mental-Hygiene, wie es Stefan F. Gross bezeichnet. Stellen Sie zum Beispiel Bilder auf, die Sie an etwas Erfreuliches erinnern und Sie motivieren.
Sie trinken regelmäßig während Ihrer Arbeit. Beschränken Sie dies nicht auf die Pausen. Der Körper besteht aus über 70 Prozent aus Wasser, das unseren Organismus am Leben erhält. Mineralwasser, Säfte, Schorle sind wahre Energiespender. Es gibt zwar Empfehlungen, wie viel man täglich trinken sollte. Ich empfehle Ihnen, einfach auf Ihren Körper zu hören.
Jeder Mensch braucht mal Erholung. Sie legen deshalb immer wieder kurze Pausen ein. Der Erholungseffekt ist in den ersten 10 Minuten der größte. Also lieber mehrere kurze Pausen machen, als eine lange.

Zeitdieb Arbeitsform: Machen Sie die richtige Aufgabe auch richtig? Lassen Sie sich oft ablenken? Haben Sie die richtigen Werkzeuge? Nur so können Sie Ihre Arbeit effektiv erledigen.

Tipp

Lösung: Organisieren Sie Ihre Aufgaben im Büro zum Beispiel mit Hilfe von Checklisten, Musterbriefen, Vorlagen. Sie müssen ja nicht jedes Mal das Rad neu erfinden. Sie sammeln Ideen und Anregungen ganz bewusst in einem Ordner, den Sie regelmäßig durchblättern, um neue Anregungen für Ihre Arbeit zu bekommen.
Sie sorgen für einen reibungslosen technischen Ablauf in Ihrem Unternehmen. Sie halten Hotline-Nummern von Störungsdiensten bereit. Sie suchen sich für die EDV einen Fachmann, den Sie auch nach Feierabend oder am Wochenende noch anrufen können.

Zeitdieb Unfähigkeit: Sie können alles? Herzlichen Glückwunsch! Das ein oder andere dauert allerdings etwas länger, geben Sie vielleicht noch zu. Ist es aber dann auch wirtschaftlich und vor allem zielführend?

Tipp

Lösung: Nehmen Sie nur Aufträge an, die Sie auch ausführen können. Nichts ist schlimmer als ein unzufriedener Kunde. Und Sie sind schon vorher unzufrieden, weil es nicht klappt. Delegieren Sie Aufgaben, die andere besser und / oder schneller machen.

Zeitdiebe von außen: Wer Ihnen 60 Euro stiehlt, den zeigen Sie an. Wer Ihnen 60 Minuten stiehlt, dem drücken Sie die Hand. Vertreterbesuche, ungewollte Anrufe, sinnlose Besprechungen – alles kostet Zeit, nämlich Ihre Zeit.

Tipp

Lösung: Sie führen Sprechzeiten für Vertreter ein oder vereinbaren feste Termine mit ihnen. Geben Sie den Vertretern ein festes Zeitlimit, in dem sie ihre Produkte/Dienstleistungen vorstellen können.
Sie haben »Sprechstunde« nur zu bestimmten Zeiten. In welchen Berufen ist es nötig, 24 Stunden am Tag persönlich erreichbar zu sein? So wichtig sind Sie nicht.
Sie setzen klare Prioritäten und delegieren. Was ist wichtig? Was können andere besser und schneller für Sie erledigen?
Sie gehen mit einer klaren Tagesordnung in Besprechungen und arbeiten dort strukturiert. Auch hier gehört es dazu, einen Zeitplan einzuhalten. Statt Protokolle erstellen Sie Aufgabenlisten. Wer macht was bis wann?

Alles zu seiner Zeit

Zeit ist für viele die knappste Ressource, die ihnen zur Verfügung steht. Daraus ist zu schließen, dass wir uns von äußeren Uhren leiten lassen, anstatt auf unsere innere Uhr zu hören. Doch kennen Sie eigentlich Ihren Biorhythmus? Nichts anderes ist nämlich Ihre innere Uhr.

Tipp Seine innere Uhr hört man nur, wenn man die äußeren Uhren abschaltet. Überlegen Sie mal eine Woche lang jeden Abend, welche Arbeiten Ihnen wann leicht gefallen sind. Schreiben Sie dies entsprechend auf. So werden Sie ganz leicht Ihren eigenen Biorhythmus herausfinden.
Als Nächstes müssen Sie den eigenen Biorhythmus mit Ihrem Tagesablauf in Deckung bringen. Leichter gesagt als getan, das ist klar. Doch es funktioniert und das Resultat sind höhere Arbeitsleistungen und mehr Zufriedenheit.
Sie können am Morgen gut arbeiten? Dann nehmen Sie sich hier Zeit für Ihre wichtigen Aufgaben. Post öffnen, E-Mails lesen, Termine vereinbaren und Ähnliches können Sie nach der Mittagspause erledigen, wo Sie eine etwas leistungsärmere Zeit haben.

Es muss auch Menschen geben, die von Ihrem Zeitkonto abheben dürfen. Ich meine hier Ihre Familie. Für die muss immer die Tür offen sein. Dann versteht die Familie auch, wenn Sie mal absolut ungestört bleiben wollen.

Heute ist der wichtigste Tag in meinem Leben

Was gestern war, aus dem können wir nur noch lernen. Was morgen sein wird, das können wir durch unser Tun heute bestimmen. Setzen Sie also ganz bewusst auf den heutigen Tag. Zu viel nachdenken bringt nichts. Zu viel vordenken macht Angst. Säen Sie heute, damit Sie morgen ernten können.

Tipp Stellen Sie sich doch folgenden Spruch an Ihren Arbeitsplatz: Heute ist der wichtigste Tag in meinem Leben!

Um meinen heutigen Tag optimal zu gestalten, muss ich ihn planen. Von der Jahreszielplanung haben wir schon gehört. Diese ist aufbauend auf der Lebensplanung Grundlage unseres Handelns. Jetzt gilt es, die Jahresziele auf Monatsaufgaben herunterzubrechen. Im Rahmen der Jahreszielplanung können Sie Ihre Monatsaufgaben festlegen. Jeweils in der letzten Woche eines Monats müssen Sie dann den aktuellen Status prüfen. Was haben Sie von den aktuellen Monatsaufgaben erreicht? Wo müssen Wege verändert werden? Das Jahresziel sollte im Sinne einer langfristigen Planung nicht monatlich zur Disposition gestellt werden.

Checkliste: Monatsplanung

Rückblick:

- ❑ Was funktionierte im letzten Monat besonders gut (geplante Aktivitäten, spontane Aktivitäten)?
- ❑ Was ist die Konsequenz daraus?
- ❑ Was funktionierte im letzten Monat weniger gut (geplante Aktivitäten, spontane Aktivitäten)?
- ❑ Was ist Unvorhergesehenes passiert und hat meine Planungen beeinflusst?
- ❑ Was ist die Konsequenz daraus?
- ❑ Welche Aufgaben muss ich in den nächsten Monat übertragen?

Planung:

- ❑ Lesen des Lebenszieles und der Jahresplanung.
- ❑ Übertragung der noch offenen Aufgaben des letzten Monats.
- ❑ Festlegen von Aufgaben für den neuen Monat.

! Trotz aller Planung müssen wir flexibel sein. Wir wollen zwar agieren, doch gibt es Situationen, die wir nicht vorausplanen können. Hier müssen wir dann handeln. Flexibilität ist gerade durch Planung möglich, da wir Freiräume geschaffen haben.

z.B.

Wie sollte etwa ein Einzelhändler reagieren, wenn plötzlich eine kurzfristige Aktion der Werbegemeinschaft auf dem Plan steht? Wenn die Aktion zu seinem Konzept passt und erfolgsversprechend ist, kann er natürlich mitmachen. Aus seinem Ideenordner kann er sogar noch passende Ideen ergänzen. Checklisten von vergangenen Aktionen helfen bei der Organisation.

Die konkrete Umsetzung Ihrer Aufgaben wird dann in den Wochenplänen festgehalten. Planung heißt vorausschauen. Also müssen Sie auch hier wieder am Ende der Woche für die nächste Woche planen. Ähnlich wie bei der Monatsplanung gilt es, zurückzuschauen und ein Resümee zu ziehen, um dann den neuen Wochenplan in Angriff zu nehmen.

!

Wenn Sie als Unternehmer an die Arbeitszeit der Arbeitnehmer denken, dann könnten Sie 35 bis 40 Stunden verplanen. Die Praxis zeigt Ihnen aber bereits in der ersten so geplanten Woche, dass Sie 60 und mehr Stunden unterwegs sind.
Verplanen Sie nicht die komplett zur Verfügung stehende Zeit, sondern nur etwa die Hälfte. So schaffen Sie Pufferzeiten und Freiräume. Planen Sie jedoch auch feste Termine für Freizeit, Familie etc. ein. So räumen Sie Ihren Lieben Priorität ein und können sich gleichzeitig schon im Voraus freuen.

Nun ist es ein Leichtes, den jeweils nächsten Tag zu planen. Sie wissen welche Aufgaben anliegen und was gemacht werden muss. Auch hier gilt wieder: Weniger ist mehr. Setzen Sie sich nicht zu stark unter Druck. Nichts tut mehr weh, als nicht erledigte Aufgaben.
Hilfreich bei der Tagesplanung können folgende Dinge sein:

- ❑ Telefonliste: Wen muss ich, weshalb heute anrufen?
- ❑ Aufgabenliste: Was ist heute zu tun?
- ❑ Terminplanung?

Dies alles können Sie mit Software-Programmen wie MS Outlook erledigen. Sind Sie mobil sind, dann können Sie einen Pocket-PC (PDA) oder Ähnliches verwenden. So kann beispielsweise die Zeit am Bahnhof oder Flughafen sinnvoll genutzt werden.

Tipp Machen Sie sich am Abend den zu Ende gehenden Tag nochmals bewusst. Was ist besonders gut gelaufen? Meist ärgert man sich über ein oder zwei Probleme. Dass jedoch das Meiste gut oder sehr gut gelaufen ist, wird außer acht gelassen.
Probleme sollten im Betrieb bleiben! Wenn Ihnen noch ein Problem auf der Seele liegt, dann schreiben Sie es auf. Sie können es am nächsten Tag behandeln. Dann ist es sicherlich auch nicht mehr so groß.

Zusammenfassung: Wenn Sie wissen, was Sie wollen, können Sie auch machen, was Sie wollen. Hier hilft Ihnen das Zeitmanagement. Eine Zeitplanung ohne begleitende Zielplanung ist jedoch nur eine Zeitverwaltung. Zeitmanagement will aber die zur Verfügung stehende Zeit effektiv nutzen und gleichzeitig Freiräume schaffen.

Ist Arbeit alles? Ein Leben in Balance

Ein Leben in Balance als Notwendigkeit

Balance heißt, verschiedene Bereiche im Gleichgewicht zu halten. Eine Wippschaukel auf dem Kinderspielplatz funktioniert nur, wenn auf jeder der beiden Seiten Kinder mit etwa dem gleichen Körpergewicht sitzen. Ein Erwachsener auf einer Seite und ein Kind auf der anderen ist ungleichgewichtig. Spaß macht es den Kindern auf der Schaukel zudem nur, wenn sich beide Seiten mit etwa der gleichen Kraft abstoßen. Stößt sich eines der Kinder zu sehr vom Boden ab, fällt im Extremfall das Kind auf der anderen Seite herunter.

Und wie ist es mit Ihrem Leben? Sie leben in verschiedenen Lebensbereichen. Beruf, Familie, Freunde und auch Ihr Körper und Ihr Geist sind in Balance zu halten.

z.B.

Brian Dyson, der ehemalige Chef von Coca-Cola hat die Problematik der Balance so beschrieben: »Stell dir vor, das Leben ist ein Spiel, in dem du fünf Bälle in der Luft jonglierst. Du nennst Sie Arbeit, Familie, Gesundheit, Freunde und Geist, und du hältst all diese Bälle in der Luft. Sehr schnell wirst du verstehen, dass die Arbeit ein harter Gummiball ist. Wenn du ihn fallen lässt, wird er zurückspringen.
Aber die anderen vier Bälle – Familie, Gesundheit, Freunde und Geist – sind aus Glas. Wenn du einen von ihnen fallen lässt, werden sie unwiderruflich zerkratzt, beschädigt, eingedellt oder zerspringen sogar. Sie werden nie mehr die gleichen sein. Du musst das verstehen und für Balance in deinem Leben sorgen.«

Balance halten heißt, einen Energiekreislauf in Schwung zu halten. Ihre Arbeit können Sie schaffen, wenn Sie gesund sind. Körperlich und gleichzeitig geistig gesund sind Sie, wenn Ihr privates Umfeld aus Familie und Freunden intakt ist. Wenn Sie Ihre Arbeit schaffen, wirkt sich das auch auf Ihr privates Umfeld auf. Sie merken, es ist ein Kreislauf aus vielen Zahnrädern, die sich gegenseitig bewegen und so alles in Schwung halten.
Was passiert aber, wenn ein Zahnrad zu schnell läuft? Im Extremfall überhitzt es und fällt aus. Es kann aber auch – und dies ist meistens der Fall – andere Zahnräder beschädigen oder sogar zerstören.
Beschädigt oder zerstört werden die schwächsten Zahnräder und/oder die, die am weitesten weg sind. Gemeint ist hier nicht nur die geographische, sondern auch die geistige Entfernung.

Tipp Hören Sie auf Ihren Körper! Gerade bei Hektik und Stress überhören wir seine Warnsignale. Rückenschmerzen, Bauch- und Kopfweh – alles hat seinen Grund. Natürlich müssen auch die medizinischen Aspekte abgeklärt werden. Doch bevor Sie Schmerztabletten nehmen, hinterfragen Sie mal Ihren Lebensrhythmus der letzten Tage und Wochen. Ein Spaziergang an der frischen Luft (bei Kopfschmerzen) oder der Gang ins Schwimmbad (bei Rückenschmerzen aufgrund von Verspannungen) kann Wunder wirken.

Gerade Spitzenleistungen sind es, die nur durch eine Balance aller Lebensbereiche erbracht werden können. Die Medien haben uns hier schon viele Beispiele aus dem Sport präsentiert. Da trennt sich ein Radrennfahrer von seiner Frau und gleichzeitig knicken seine Leistungen rapide ein. Die körperliche Leistungsfähigkeit kann es jedoch nicht sein, denn diese fällt nicht so schnell zusammen. Wie er selber sagte, war es eben der Kopf (Geist), der bremste.
Glück und Zufriedenheit kann nur entstehen, wenn die Balance zwischen allen Lebensbereichen vorhanden ist. Mahatma Gandhi hat dies so formuliert: »Der Mensch kann nicht in einem einzelnen Lebensbereich recht tun, während er in irgendeinem anderen unrecht tut. Das Leben ist ein unteilbares Ganzes.«

Ihre Lebensbereiche

Wenn wir Balance halten wollen, heißt dies ein Gleichgewicht zwischen zwei augenscheinlichen Extremen herzustellen. Diese zwei Extreme können klar definiert werden. Auf der einen Seite steht die ganze Vielfalt unserer beruflichen Tätigkeit: unsere Arbeit, unsere Ziele, aber auch der daraus entstehende finanzielle Aspekt. Auf der anderen Seite finden wir die ganze Vielfalt unseres Privatlebens: wir selber, unsere Familie und unsere Freunde.
Doch es stellt sich auch die Frage, warum wir hier zwei Extreme haben? Ist es nicht möglich, dass beide Seiten eigentlich näher zueinander stehen, als wir es für möglich halten?

z.B. Wie kann man eine Wippschaukel auf dem Spielplatz am besten im Gleichgewicht halten? Probieren Sie es doch mal aus. Einfach auf die Mitte des Schaukelbalkens stellen. Schon alleine durch leichte Gewichtsverlagerungen können Sie die Wippschaukel im Gleichgewicht halten. So kann eine Person die Schaukel auf beide Seiten in der Luft halten.

Warum trennen Sie also Ihre Lebensbereiche so streng ab? Ideal ist es doch, wenn beide Lebensbereiche nahezu unsichtbar miteinander verzahnt sind. Viele haben den Traum, ihr Hobby zum Beruf zu machen. Die wenigsten machen es. Machen es doch Sie! Nur einer hält Sie davon ab, nämlich Sie.

Tipp Finden Sie Verknüpfungspunkte: Wie kann ich meine Familie in mein berufliches Engagement einbinden? Kann ich in der Freizeit etwas Nutzbringendes für mein Unternehmen tun? Was kann mein Unternehmen für meine Familie tun? Ist für meine Freizeitgestaltung auch mal während der eigentlichen Arbeitszeit Raum?
Doch beachten Sie bei derartigen Fragen auch den Knackpunkt: Balance heißt, alle Lebensbereiche im Gleichgewicht zu halten. Werden die Lebensbereiche dann so eng miteinander verzahnt, dass ein Lebensbereich überwiegt, dann bleibt die Balance auf der Strecke.

Gerade als Unternehmer haben Sie alle Freiheiten der Welt – dies sagt zumindest der Volksmund. Sicherlich muss das eine oder andere Detail beachtet werden, doch eigentlich hat der Volksmund recht. Sie haben es in der Hand, Ihre persönliche Balance zu bestimmen.
Balance heißt auch, ein Gleichgewicht zwischen Materie und Geist zu schaffen. Sie können nur materielle Leistungen erbringen, wenn Sie geistig fit sind. Um geistig fit zu sein, muss auch ein Mindestmaß an materiellen Ressourcen vorhanden sein.
Die Bedürfnispyramide von Maslow sieht die materielle Bedürfnisbefriedigung als Grundlage. An der Spitze dieser Pyramide steht die

Selbstverwirklichung, die auf der Basis geistiger Leistungen entstanden ist. Balance, also in diesem Fall die Selbstverwirklichung, wird nur durch das Miteinander von materiellen und geistigen Faktoren möglich.
Hier ist wieder der betriebswirtschaftliche Aspekt gefragt. Selbst wenn Sie noch so viel Freude an Ihrer Arbeit haben – wenn Sie dabei nichts verdienen, dann bremsen Sie sich recht schnell selber aus. Zu jeder unternehmerischen Planung gehört auch die finanzielle Planung. Nur so können Sie Ihre materiellen Bedürfnisse befriedigen und zum Gleichgewicht beitragen.

Tipps für ein Leben in Balance

Ein Leben in Balance heißt, dass alle Lebensbereiche ihren nötigen Stellenwert erhalten. Mit Stellenwert ist jedoch nicht gemeint, jedem Lebensbereich eine gewisse Stundenzahl pro Tag, Woche oder Monat zuzugestehen. Das geht schief!
Besinnen Sie sich auf das Wesentliche: Was wollen Sie? Welche Ziele haben Sie? Schon alleine durch eine vernünftige Lebensplanung kommen Sie der Balance wesentlich näher. Zeitplanung alleine funktioniert jedoch nicht. Wer sein Ziel kennt, der lässt sich nicht so schnell vom Weg abbringen.

Tipp Schreiben Sie doch einfach mal Ihren Tagesablauf und Ihre Tätigkeiten auf. Schnell werden Sie erkennen, wo Zeitdiebe lauern, die Ihnen das Leben in Balance vermiesen.

Entkrampfen Sie alle Lebensbereiche: Es steht nirgends geschrieben, dass Sie Sport treiben müssen. Auch wenn Nordic Walking noch so trendig ist, muss das Ihnen nicht gefallen. Hören Sie hier genauso wie bei anderen Lebensbereichen auf Ihren Körper. Wichtiger als auf Fettverlust zu trainieren, sind die Glücksgefühle, die durch Beta-Endorphine beim Sport freigesetzt werden können.
Diese körpereigenen Peptide steuern die Informationsübermittlung zwischen den Nerven- und Gehirnzellen. Sie haben entfernt dem

Opium verwandte Wirkung, sind also eine natürliche, völlig legale und zudem kostenlose Glücksdroge. Wenn es Ihnen Freude bereitet, dann machen Sie es. Wenn Sie es machen, dann nehmen Sie überflüssige Kilos ab. Welchen Sport Sie machen, ist unter diesem Aspekt gesehen, nahezu egal.

Nehmen Sie Ihren Körper ernst: Von Voltaire stammt nachfolgendes Zitat: »In der einen Hälfte des Lebens opfern wir unsere Gesundheit, um Geld zu erwerben. In der anderen Hälfte opfern wir Geld, um die Gesundheit wieder zu erlangen.«

Trotz modernster Gesundheitstechnik hinterlässt jede Schädigung unseres Körpers und jede Krankheit Spuren. Diese sind unauslöschbar. Cay von Fournier hat es in seinem Buch *Das Geheimnis der Lebensbalance* sehr drastisch dargestellt: »Sie müssen sich ja nur einmal vorstellen, wie es aussieht, wenn Sie an einer Tankstelle bezahlen. Was steht da alles um Sie herum?«

Der Arzt und Wirtschaftswissenschaftlicher von Fournier zeigt auf Alkohol, Zigaretten, Süßigkeiten und geistigen Müll. Denken wir daran: Jeder ist für seinen Körper selbst verantwortlich. Die Versichertenkarte und die möglichen Leistungen der Medizin schützen uns nicht. Am besten können wir uns selber schützen.

So können Sie Ihren Körper in Balance halten:

Schlafen Sie regelmäßig und ausgiebig. Noch im Jahre 1910 haben Kinder und Jugendliche täglich 90 Minuten länger geschlafen, als die heutige Generation; Erwachsene schlafen heutzutage rund 70 Minuten weniger als 1910. Durch Schlafen werden jedoch vor allem die verbrauchten Batterien des Gehirns wieder aufgeladen.

Ein ausgewogener und ungestörter Schlaf fördert vor allem die geistige Leistungsfähigkeit. Die Länge des Schlafens kann jedoch nicht generell festgelegt werden. Auch hier gilt, wieder auf seinen Körper zu hören. Weniger als vier Stunden und mehr als zehn Stunden Schlaf auf Dauer sind nach Test des Berliner Schlafforschers Karl Hecht gesundheitsgefährdend.

Ihrem Biorhythmus folgend, öffnet sich alle 90 Minuten ein Schlaffenster. Am Abend ist das Schlaffenster weit geöffnet. Mittags, wenn die innere Uhr ebenfalls langsamer tickt, steht es nur leicht offen. Ihr

Körper reagiert mit Müdigkeit, Gähnen, schweren Augenlidern, einem schweren Kopf und langsamen Reaktionen.

Tipp Testen Sie nach Möglichkeit den Mittagsschlaf. Ihre innere Batterie kann sich so in kürzester Zeit wieder erholen. Aus den südlichen Ländern kennen Sie den Mittagsschlaf, die Siesta. Mittagsschlaf entspricht unserem menschlichen Biorhythmus. Eine Langzeituntersuchung der Universität Athen ergab, dass der Mittagsschlaf das Herzinfarktrisiko um 30 Prozent senkt.

Essen Sie sich glücklich: Ein sattes Baby ist ein glückliches Baby. Nichts steigert das persönliche Wohlbefinden mehr als das Essen. Das Problem heute ist allerdings das falsche Essen. Verschiedenste Ernährungspyramiden wollen uns aufzeigen was »gesund« ist.
Grundlage des richtigen Essens ist sicherlich erst einmal das richtige Trinken. Wenn unser Körper wie gesagt zu über 70 Prozent aus Wasser besteht, dann müssen wir für Nachschub sorgen. Obwohl wir viel trinken, leidet unser Körper an Austrocknung. Der Grund: Die meisten unserer Getränke haben verheerende Nebenwirkungen.
In einer Studie heißt es über den Kaffee, dass er negativ auf den Körper wirkt; andere Studien belegen das Gegenteil. Bereits König Gustav III. von Schweden ließ im ausgehenden 18. Jahrhundert Kaffee testen, den er für gefährlich hielt. Ein zu Tode Verurteilter wurde begnadigt mit der Auflage, täglich Kaffee zu trinken. Ein zweiter Todeskandidat wurde mit der Auflage begnadigt, täglich Tee zu trinken. Nach vielen Jahren, König Gustav III. war ermordet worden und die beiden Ärzte waren auch schon verstorben, starb als Erstes der Teetrinker im Alter von 83 Jahren.
Egal ob Kaffee gesundheitsschädlich ist oder nicht – auf die Dosis kommt es an. Hauptgetränk muss einfach das Wasser sein. Kaffee, Tee, sicherlich auch mal ein Glas Wein oder Bier, sind Genussmittel. Wie dieser Name schon sagt, sollten sie aus Freude am Leben und nicht aus Durst getrunken werden.

Tipp Trinken Sie Wasser, wenn Sie Durst haben. Ständig ein Glas Wasser auf dem Schreibtisch zu haben, hilft Ihnen sicherlich. Zwingen Sie sich aber nicht zu trinken.

Auch beim Essen macht es die Dosis, also die Menge aus. Wer nur Salat isst, weil er gesund ist, dem vergeht bald die Lust aufs Essen. Salat und Gemüse können aber in der Mischung mit kohlenhydrat- und fetthaltiger Kost in einer vernünftigen Mischung Freude am Essen machen und auch den gesundheitlichen Aspekt befriedigen.
Bewegen Sie sich: Sich zu bewegen, heißt nicht automatisch Sport zu treiben. Bewegen können Sie sich ganz einfach: statt Lift die Treppe, statt Taxi den Fußweg. Bewegung kann vielfältig stattfinden. Fast alle wichtigen Stoffe, die unser Körper zum Leben braucht, kann er in den Muskeln selbst erzeugen. Kraft- und Ausdauertraining ist für unsere Gesundheit unabdingbar.

Tipp Trainieren Sie mitten im Leben. Putzen Sie Ihre Zähne zum Beispiel in der Ski-Abfahrtshocke und wippen Sie dabei leicht. Sie trainieren so ganz nebenbei die Beinmuskulatur. Wenn Sie warten müssen, können Sie in kleinen Schritten auf der Stelle gehen. Das bringt die Durchblutung in Schwung. Wenn Sie im Stau stehen, können Sie mit der Schulter kreisen und den Kopf zur Seite neigen.

Bewegung ist natürlich auch Sport. Wenn der innere Schweinehund Sie zu oft ausbremst, dann holen Sie sich Hilfe. Trainieren Sie mit Freunden zu vereinbarten Terminen. Es mag sein, dass dies auch mal Stress erzeugt, doch sollten Sie sich einfach überwinden. Das härteste am Marathon-Training ist für viele der Weg vom Sofa zur Haustür.
Freuen Sie sich: Ganz klar ist, dass wir sicherlich genug Probleme haben. Doch wenn wir nur wenige Minuten nachdenken, erkennen wir schnell, wie gut es uns eigentlich geht.

Tipp Hängen Sie sich einen kleinen Zettel an Ihren Badezimmerspiegel: Worüber kann ich heute glücklich sein? Wofür kann ich heute dankbar sein? So verschaffen Sie sich jeden Morgen ganz schnell positive Gedanken.

Der Badezimmerspiegel kann aber auch in ganz anderer Hinsicht ein Muntermacher sein. Lächeln Sie sich an. Was auf den ersten Blick albern klingt, ist bestens erforscht und in seiner positiven Wirkung nachgewiesen. 30 Sekunden die Backen- und Augenmuskel anziehen – das signalisiert dem Gehirn: Achtung, es gibt einen Grund für gute Laune. Die als »facial feedback« bezeichnete Technik liegt der Erkenntnis zugrunde, dass ein simuliertes Gefühl ein echtes Gefühl erzeugen kann.

Freude können Sie auch ganz leicht bei anderen hervorrufen. Gut ist daran, dass diese Freude auch auf Sie zurückstrahlt. Ein Wort des Dankes und des Lobes, ein kleines Geschenk, ein Lächeln – überraschen Sie andere Menschen. Sie werden gleichzeitig überrascht sein, wie warm das Feedback für Sie ausfällt.

Zusammenfassung: Kein noch so großer beruflicher Erfolg kann eine private Niederlage wettmachen. Balance, also das Gleichgewicht zwischen Ihren verschiedenen Lebensbereichen ist der Schlüssel für ein glückliches Leben. Sie wissen, was Ihnen wichtig ist. Jeder Lebensbereich wird von Ihnen wertgeschätzt. Was nützt das schönste und größte Haus, wenn man nicht mindestens einmal pro Woche in jedes Zimmer geht und lüftet? Besuchen Sie regelmäßig Ihre Lebensbereiche und versuchen Sie diese miteinander zu verzahnen. Beruf, Familie und Freizeit sind oft gar nicht so weit auseinander, wie wir glauben.

Kommunikation als Schlüssel zum Erfolg

Auf vier Ebenen empfangen

Kommunikation zwischen Menschen ist eigentlich schnell beschrieben. Da ist auf der einen Seite ein Sender, der etwas von sich gibt. Auf der anderen Seite gibt es den Empfänger, der diese Nachricht aufnimmt.

Die Nachrichtenübermittlung erfolgt jedoch verschlüsselt. Der Sender »verpackt« quasi seine Nachricht. Das Problem bei der Entschlüsselung ist, dass die Verpackung womöglich nicht richtig geöffnet werden kann. Im Extremfall zerbricht die Nachricht beim Öffnen.

z.B. Zwei Mitarbeiter in Büro unterhalten sich. Mitarbeiter Richter: »Die Rechnung an Herrn Maier ist noch nicht geschrieben.« Mitarbeiter Müller: »Das weiß ich selbst.«

Die reine Nachricht von der ungeschriebenen Rechnung wurde, vielleicht durch entsprechenden Tonfall unterstützt, anders empfangen als womöglich gewollt? Vielleicht ging diesem Dialog schon ein anderer Dialog voraus, der auf einer ganz anderen Ebene ablief? Bewusst oder unbewusst wurden vom Sender Informationen in diese Nachricht gesteckt. Bewusst oder unbewusst wird vom Empfänger diese Nachricht interpretiert.

Prinzipiell kann eine Nachricht in vier Aspekte (Seiten oder Ebenen) unterteilt werden.

Sachinhalt: Hier wird der Nachricht nur die Sachinformation entnommen. Bei unserem Beispiel ist es eben die Tatsache der noch nicht geschriebenen Rechnung.

Selbstoffenbarung: Neben den Sachinhalten der Nachricht werden immer auch Informationen über die Person des Senders übermittelt. Bei unserem Beispiel kann als Selbstoffenbarung erkannt werden, dass der Sender eine noch nicht geschriebene Rechnung bemerkt hat. Selbstoffenbarung ist zum einem die Selbstdarstellung (Mitarbeiter Richter

weiß, dass eine Rechnung noch nicht geschrieben ist), als auch zum anderen die unfreiwillige Selbstenthüllung (Mitarbeiter Müller hat die Rechnung noch nicht geschrieben). Die Selbstoffenbarung gilt für beide Seiten, also Sender und Empfänger.
Beziehung: Aus jeder Nachricht geht hervor, wie der Sender zum Empfänger steht. Oft zeigt sich dies in der gewählten Formulierung, im Tonfall und anderen nichtsprachlichen Begleitsignalen. Dieser Aspekt der Nachrichtübertragung ist der, der am ehesten wahrgenommen wird. Denn hier fühle ich mich als Empfänger in einer bestimmten Weise behandelt oder misshandelt.
Appell: Jede Nachricht verbirgt auch einen Appell (Die Rechnung muss noch geschrieben werden). Die Nachricht dient oft auch ohne direkte Aufforderung dazu, dass der Empfänger Dinge tut oder auch unterlässt. Dieser Versuch der Lenkung kann mehr oder weniger offen erfolgen.
Wird dies versteckt getan, so spricht man von Manipulation. Hier werden vom Sender der Nachricht auch die anderen Aspekte genutzt. Auf der sachlichen Ebene übermittelt man einseitige Informationen. Die Selbstdarstellung ist darauf ausgerichtet, beim Empfänger bestimmte Wirkungen wie zum Beispiel Gefühle zu wecken. Die Beziehungsebene ist so gestaltet, dass der Nachrichtenempfänger bei Laune gehalten wird.

! Beachten Sie bei Ihrer Kommunikation immer diese vier Ebenen. Jeder Satz, sogar einzelne Satzteile, können auf unterschiedlichen Ebenen gesendet und empfangen werden.

Kommunikationsstörungen

Kommunikationsstörungen entstehen, wenn beim Empfänger eine andere Nachricht ankommt, als vom Sender beabsichtigt. Bei vielen Empfängern ist – unabhängig von den Situationserfordernissen – ein Ohr auf Kosten der anderen besonders gut ausgebildet. Typisches Beispiel sind die »Helfer«. Sie fassen eine als Sachinformation gesendete Nachricht (Ich habe heute viel zu tun) als Appell auf (Kannst du

mir helfen). Die Ebenen Beziehung (Du bekommst Einblick in meinen Tag) und Selbstoffenbarung (Ich werde damit nicht fertig) werden von den Helfern nicht gehört.
Die ankommende Nachricht hat viele unterschiedliche Botschaften, die teils bewusst, teils auch unbewusst hineingeladen wurden. Zum einen kommt es darauf an, auf welcher Ebene die Nachricht empfangen wurde. Zum anderen können die Nachrichten vom Empfänger auch unterschiedlich interpretiert werden.
Um zu kommunizieren, muss der Sender einer Nachricht auch einen Teil seines eigenen Zustandes übermitteln. Gedanken, Absichten, Kenntnisse sind in vernehmbare Zeichen zu übersetzten. Problematisch ist jedoch, dass nicht die Bedeutung der Zeichen mit übermittelt werden kann. So kann der Empfänger diese auch wieder unterschiedlich deuten.
Was der Sender kodiert, muss der Empfänger wieder dekodieren. So kann es passieren, dass eine Botschaft überhaupt nicht ankommt, etwa wenn der Empfänger den scherzhaften Unterton nicht mitbekommt.

z.B. Bei E-Mails und SMS können Botschaften nicht so transportiert werden wie im Gespräch. Stattdessen haben sich verschiedene Zeichen etabliert:
:) = Ich freue mich! Das ist lustig!
:)) = Ich freue mich sehr!
;) = Zum Augenzwinkern! Nicht so ernst nehmen!
:(= Darüber bin ich traurig! Das ist schade!

Kommunikationsstörungen entstehen auch, wenn Sender und Empfänger aus verschiedenen Sprachmilieus kommen. Ein Ausbilder im Betrieb spricht meist eine andere Sprache als die Auszubildenden. Wenn der Jugendliche sagt »Hey Alter, was geht ab?«, versucht er vielleicht auf der Ebene der Selbstoffenbarung seine Unwissenheit zu zeigen. Der Ausbilder fühlt sich durch »Hey Alter« auf der Beziehungsebene getroffen und angegriffen.
Psychochemische Reaktionen: Aus den Kommunikationsstörungen resultiert, dass es zu ganz anderen Resultaten (Feedback) als erwartet

kommen kann. In der Chemie gibt es Stoffe, die einzeln ohne jegliche Wirkung sind. Bringt man diese Stoffe jedoch zusammen, kann unter Umständen eine hochexplosive Mischung entstehen. Dies haben Sie garantiert auch im täglichen Miteinander erlebt.

z.B. Ein Mitarbeiter fragt beim Chef bezüglich eines Problems nach. Der Chef explodiert förmlich, obwohl die Sache eigentlich harmlos ist. Das Pech für den Mitarbeiter war, zur falschen Zeit am falschen Ort gewesen zu sein. Der Chef war aus anderen Gesprächen schon »aufgeladen«.

In derartigen Fällen passiert es, dass der Empfänger aufgrund von verborgenen Schlüsselreizen völlig anders als erwartet reagiert. Das geschieht, weil die Wahrnehmung erst interpretiert (Jetzt kommt der auch noch) und dann ein Gefühl (Das wird mir zu viel) ausgelöst wird. Wahrnehmen heißt, etwas mit den Sinnen wahrzunehmen. Dazu gehört neben hören, sehen auch riechen, fühlen und schmecken. Dieses so Wahrgenommene wird mit einer Bedeutung versehen, interpretiert und mit einem eigenen Gefühl beantwortet.
Der Hauptgrund von Kommunikationsstörungen liegt nach meiner Erfahrung in der Interpretation. Vieles wird nur interpretiert, ohne es zu analysieren. Eine Analyse ist jedoch nur möglich, wenn ich meinen eigenen Blickwinkel verlasse.

z.B. Der Auszubildende wird vom Chef »angeschnauzt«. Statt sich zu ärgern, nimmt es der Auszubildende gelassen: »Der hat ja viel um die Ohren und ich gehe um 16.30 Uhr.« Der Auszubildende hat die psychochemische Reaktion des Chefs klar analysiert und seinen Schluss daraus gezogen.

So vermeiden Sie Kommunikationsstörungen:

- ❑ Bereiten Sie sich auf das Gespräch vor (inhaltlich, sachlich, mental).
- ❑ Sprechen Sie die gleiche Sprache (Dolmetscher).
- ❑ Sorgen Sie für ein entsprechendes Umfeld (Ruhe, Klima).

- ❏ Nutzen Sie Hilfsmittel wie Unterlagen, Präsentationen, Modelle etc., um das Gesagte zu verdeutlichen.
- ❏ Störungen werden vermieden.
- ❏ Nehmen Sie Ihren Gesprächspartner als Persönlichkeit ernst.
- ❏ Interpretieren Sie nur nach sorgfältiger Analyse.

Kommunikation heute

Die Kommunikation hat unser Leben verändert, wie selten etwas zuvor. Heute sind wir (wenn wir wollen) immer und überall erreichbar. Rund um die Uhr können wir Informationen geben und abrufen. Vorteilhaft, aber auch manchmal nervtötend, ist das Telefon. Der kurze Weg der Kommunikation muss richtig genutzt werden.
Tipps zum Telefonieren:

- ❏ Vereinbaren Sie Telefonate. Wichtige Themen besprechen Sie telefonisch zu vereinbarten Terminen oder Zeiten. So können sich beide Seiten darauf vorbereiten.
- ❏ Sie müssen nicht immer erreichbar sein. Schaffen Sie sich telefonfreie Zeiten für wichtige Aufgaben. Anrufweiterschaltung zu Kollegen, Anrufbeantworter oder Call-Center helfen Ihnen dabei.
- ❏ Telefonieren Sie stehend. Das bringt gerade „Stubenhocker“ in Schwung und sorgt für Ausgleich. Stehend-Telefonierer fassen sich zudem kürzer als Sitzer.
- ❏ Fassen Sie sich kurz. Jedes Telefonat lässt sich innerhalb von maximal zwei Minuten erledigen.
- ❏ Bereiten Sie das Telefonat mit kurzen Stichpunkten vor. Anrufer fragen Sie nach ihren konkreten Anliegen.
- ❏ Lächeln Sie. Ihr Gesprächspartner kann es zwar nicht sehen, aber spüren.

SMS: An Geschäftspartner sollten SMS nur geschickt werden, wenn dies vereinbart wurde. Auch hier gilt es, auf Stil und Rechtschreibung zu achten. Eine SMS ist auch eine Visitenkarte von Ihnen.

E-Mail: Auch die E-Mail ist eine Visitenkarte. Würden Sie einen Geschäftsbrief (in Deutsch) nur in Kleinschreibung verschicken? Per E-Mail wird es getan. Viele E-Mail-Programme haben noch keine Rechtschreibprüfung. Das erkennt dann auch der E-Mail-Empfänger. Halten Sie sich bei E-Mails an Standards aus dem Briefverkehr.
E-Mails sind geschaffen worden, um Informationen und Daten schneller als auf dem Postweg übermitteln zu können. Deshalb erwartet man hier auch eine schnelle Antwort. Gerade in der Geschäftswelt müssen Sie mindestens täglich Ihre E-Mails abrufen. Nutzen können Sie auch die mobile Technik zum E-Mail-Abruf. Gerade die moderne Internet-Kommunikation erinnert an das Sprichwort: »Die Schnellen fressen die Langsamen.«

! Die schnelle E-Mail-Kommunikation ermöglicht es schnell, auf Nachrichten zu reagieren. Sehr schnell sind Nachrichten hin und her geschickt. Der Geist bleibt dabei auf der Strecke. Schnell ist etwas geschrieben, das eigentlich gar nicht so gut ist. Nehmen Sie sich also Zeit für die Beantwortung wichtiger E-Mails. Vorab können Sie ja dem Sender eine Lesebestätigung schicken.

Beachten Sie beim Versand von E-Mails, dass diese auch von Unbefugten gelesen werden können. Eine in einer E-Mail gemachte Äußerung kann sich schneller verbreiten, als Sie denken.

Unter das Stichwort Aufbewahrungspflicht für kaufmännische Belege fallen auch so manche E-Mails. Alle Daten der Finanzbuchhaltung und die auftragsbezogenen Inhalte müssen aufbewahrt werden. Dazu gehört auch eine Bestellung per E-Mail oder die E-Mail-Korrespondenz, wenn sie kaufmännische Dokumente oder Kalkulationsdaten enthält.

Internet: Größter Vorteil des Internets ist die Transparenz von Informationen. Sie können jederzeit Informationen finden und abrufen. Als Unternehmer müssen Sie wissen, wo Sie heute Informationen erhalten. Sie sind der wichtigste Rohstoff unserer heutigen Wirtschaft.

z.B.

Umgang mit Google

Die am meisten genutzte Suchmaschine im Internet ist Google. Eigentlich ist es ganz einfach: Nur ein Suchwort eingeben, schon spuckt Google ein Ergebnis aus. Um Seiten zu finden, die wichtig und relevant im Sinne Ihrer Suchanfrage sind, benutzt Google eine komplexe Technologie für die Textsuche. So achtet die Suchmaschine zum Beispiel darauf, was eine andere Seite, die mit dieser verbunden ist, über sie zu sagen hat. Google zieht ebenfalls Seiten vor, bei denen die Suchbegriffe innerhalb des Textes eng beieinander stehen.
Das müssen Sie wissen bei der Eingabe des Suchbegriffes:

- ❑ Google macht eine automatische »und«-Suche. Wenn Sie mehrere Wörter als Suchbegriff eingegeben haben, brauchen Sie diese nicht mit »und« verbinden.
- ❑ Google sucht genau das eingegebene Wort. Suchen Sie »Verlag«, dann werden Verlage nicht angezeigt. Im Zweifelsfall also auch die Mehrzahl angeben.
- ❑ Google kennt unterschiedliche Schreibweisen. Wenn Sie »Grafik« eingeben, erhalten Sie auch Suchergebnisse zu »Graphik« Worttrennungen werden ebenfalls automatisch erkannt.
- ❑ Google benötigt keine Großschreibung. Sowohl Groß- als auch Kleinschreibung werden gefunden. Umlaute wie »ue« für »ü« sind nicht nötig.

Das müssen Sie wissen bei der erweiterten Suche:

- ❑ Google findet mehr, als Sie sich vorgestellt haben. Mit »+Suchbegriff« können Sie die Suche auf genau das eingegebene Wort beschränken.
- ❑ Mit »-Wort« können Sie bestimmte Worte in der Suche ausschließen. Vor dem Minuszeichen muss ein Leerzeichen stehen.
- ❑ Manche Wörter, denen ein Doppelpunkt folgt, haben für Google eine spezielle Bedeutung. Eines dieser Wörter ist der »site:«-Operator. Wenn Sie »site:beispieldomain.de« eingeben, dann können Sie auf dieser Seite suchen.

- ❑ Verschiedene Optionen sind bei Google in der erweiterten Suche möglich. So können Sie zum Beispiel die Suche auf eine bestimmte Sprache begrenzen. Sie können auch alle Seiten finden, die mit einer bestimmten Webseite verbinden.

Ein weiteres Werkzeug zur Kommunikation in der Geschäftswelt ist die Präsentation. Sachverhalte können entweder ohne technische Hilfsmittel oder mit Hilfe von Notebook und Beamer dargestellt werden. Die Präsentation kann vor einer Person oder vor einer ganzen Gruppe erfolgen.

Tipp Vorteil einer Präsentation ist, dass nicht nur erzählt, sondern das Ganze noch bildlich oder praktisch dargestellt wird. Dies erleichtert die Aufnahmefähigkeit des Empfängers.

So wird Ihre Präsentation zum Erfolg:

- ❑ Die Räumlichkeiten sind vorbereitet: Bei großen Räumen gibt es zum Beispiel ein Mikrofon; die Bestuhlung ist so ausgerichtet, dass jeder Teilnehmer gut sehen kann.
- ❑ Sie setzen einen zeitlichen Rahmen fest: nicht über 45 Minuten. Gegebenenfalls müssen Sie die Präsentation in mehreren Teilschritten durchführen. Pausen einhalten.
- ❑ Sie haben ein Manuskript mit einer Art Drehbuch.
- ❑ Die Präsentation erfolgt vom Groben ins Feine. Also zum Beispiel erst das Fahrzeug vorstellen und dann die Details.
- ❑ Sie nutzen Bilder, Modelle, Schnitte etc. für die Verdeutlichung.
- ❑ Für die Teilnehmer sind entsprechende Unterlagen präpariert.
- ❑ Auf mögliche Fragen der Teilnehmer sind Sie vorbereitet.

Überladen Sie Ihre Präsentation nicht mit Informationen. Bedenken Sie lieber, wo Sie den Teilnehmer »abholen« müssen. Was weiß der bereits über das Thema? Einem Ingenieur müssen Sie nichts über die Brennstoffzelle erzählen; für einen Kaufmann kann dies etwas ganz Neues sein.

Die meisten Fragen und die interessanten Gespräche ergeben sich oft erst nach einer Präsentation. Planen Sie hierfür genügend Zeit ein. Wenn die Präsentation vor einer größeren Gruppe stattfindet, holen Sie sich entsprechend Manpower an die Seite. Stellen Sie bereits während der Präsentation den oder die entsprechenden Kollegen/ Mitarbeiter vor. Diese können dann gemeinsam mit Ihnen bei Fragen Rede und Antwort stehen.

Tipp

Wichtig: Die Teilnehmer brauchen nicht nur Informationsmaterial, sondern auch Ihre Adresse. Also halten Sie genügend Visitenkarten bereit. Diese sollten Sie persönlich vor oder nach der Präsentation übergeben. So etwas wertet Ihre Stellung, aber auch gleichzeitig die Stellung der Teilnehmer auf. Sie sind nicht der »große Referent«, sondern zeigen Wertschätzung den Teilnehmern gegenüber und sind durch Ihre Visitenkarte für ihn nahbar.

Zusammenfassung: Kommunikation ist Nachrichtenübermittlung von einem Sender zum Empfänger. Was auf der einen Seite klar ausgestrahlt wird, kann auf der anderen Seite zerhackt ankommen. Dies müssen wir wissen. So werden uns Kommunikationsstörungen bewusst. Wir können diese jedoch erkennen und minimieren bzw. verhindern.

Neue Techniken der Kommunikation schaffen ganz neue Dimensionen. Jederzeit erreichbar zu sein, die Möglichkeit schneller Reaktionen oder auch die unausweichlich scheinende Informationsflut – all dies müssen wir nutzen und vor allem auch bewältigen.

Ihr Unternehmen

Anders als alle anderen – das Erfolgsmodell

Die Lage der Nation

Wie sieht es gegenwärtig bei uns in der Wirtschaft aus? Viele Betriebe kommen nicht vorwärts. So mancher Betrieb geht nur noch rückwärts. Die Insolvenzen haben sich auf einem Höchststand festgefahren. Als Ursache sehen viele Unternehmer und Führungskräfte die lahmende Konjunktur und die Kaufzurückhaltung.

z.B. In der Gastronomie wird regelmäßig das Wetter für Umsatzeinbußen verantwortlich gemacht. Regnet es, gibt's keinen Umsatz im Biergarten. Ist es zu heiß, werden zu wenig Speisen konsumiert. Ist das Lokal mal gut gefüllt, jammern Chef und Mitarbeiter über die viele Arbeit.

Dieses Beispiel lässt sich auf die meisten Betriebe und Branchen nahezu eins zu eins übertragen. Sicherlich gibt es auch Ausnahmen. Leider trifft in vielen Bereichen das Schlagwort von der »Servicewüste Deutschland« immer noch zu. Der Kundennutzen wird weiterhin zu selten in den Mittelpunkt der unternehmerischen Tätigkeit gestellt. Mit Servicewüste ist eben nicht nur der Service im Hinblick auf Bedienung, Freundlichkeit und Ähnliches gemeint, sondern die Ausrichtung des Unternehmens auf den Markt.

Tipp Obwohl dies weithin bekannt ist, handeln immer noch zu wenige Unternehmer. Wer hier etwas unternimmt, der wird von den Kunden mit offenen Armen empfangen. Tun Sie dies – und der Erfolg ist für Sie vorprogrammiert.

Positive Beispiele gibt es. Diese kennen Sie sicher auch, denn dort kaufen Sie gerne. Nehmen wir das Beispiel IKEA. Noch vor Jahren wurde IKEA diffamiert, indem man die Abkürzung mit »Idioten kaufen einfach alles« auflöste – Sie entschuldigen diese Worte. Fakt ist jedoch, dass IKEA ständig weiter wächst. Ähnlich wie bei Staus auf den Autobahnen, berichten Radiosender in der Vorweihnachtszeit von Warteschlangen an den Kassen bei IKEA.

Selbst schuld, wer da einkauft! Aber es scheint zu funktionieren. Wenn man nachfragt oder sich bei IKEA umschaut, erkennt man schnell das Erfolgsgeheimnis. Wobei es ja gar kein Geheimnis im eigentlichen Sinne ist: Sie als Besucher und Kunde kommen rasch dahinter und merken es recht schnell.

Sie werden mit Du angesprochen (als Zeichen für Jugend und Weltläufigkeit). Sie werden freundlich bedient und bekommen Hilfe, müssen aber Ihre Sachen selber zusammensuchen, einpacken und transportieren. Hilfe wird jedoch auch hier immer angeboten.

Was genau macht IKEA alles anders als die anderen? Kurze und prägnante Antwort: alles. Klar, es gibt inzwischen noch mehr Möbel-Discounter mit Selbstbedienung. IKEA war jedoch der Erste Möbel-Discounter, der so groß und so konsequent auftrat. IKEA hat es nicht nur gemacht, sondern erfunden. Im Prinzip wurden die ganzen Organisationsschritte des Möbelhandels neu überdacht und neu strukturiert. Eben alles anders als alle anderen.

IKEA ist oft zitiertes Beispiel. Da stellt sich natürlich die Frage, ob man als Kleinbetrieb oder Existenzgründer darüber nur staunen oder daraus selbst seine Schlüsse ziehen kann?

z.B.

Es gibt aber auch genügend andere Beispiele, wie in Branchen völlig neuer Wind kommt. Schauen Sie nur auf das Bäckerhandwerk. Ein zunehmender Teil des Umsatzes mit Backwaren wird inzwischen von der Industrie mittels verpackter Backwaren gemacht. Der Markt schien zwischen Handwerksbäckern und Industriebäckern aufgeteilt, für Weiteres schien keine Chance zu bestehen.
Dann kommt ein Unternehmen, schaut sich den Markt an, schaut sich die beiden Schienen Bäckerhandwerk und Industrie an, und sucht sich aus beiden die Stärken heraus. Das Ergebnis sind Backdiscounter. Große Mengen werden industriell produziert (Vorbild Industrie), jedoch in besten Lagen (Vorbild Handwerk) in Selbstbedienung (neuer Weg verkauft. Dieses System gab es vor fünf Jahren noch nicht. Heute werden vom Erfinder (BackWerk) und vielen Nachahmern Millionen umgesetzt.

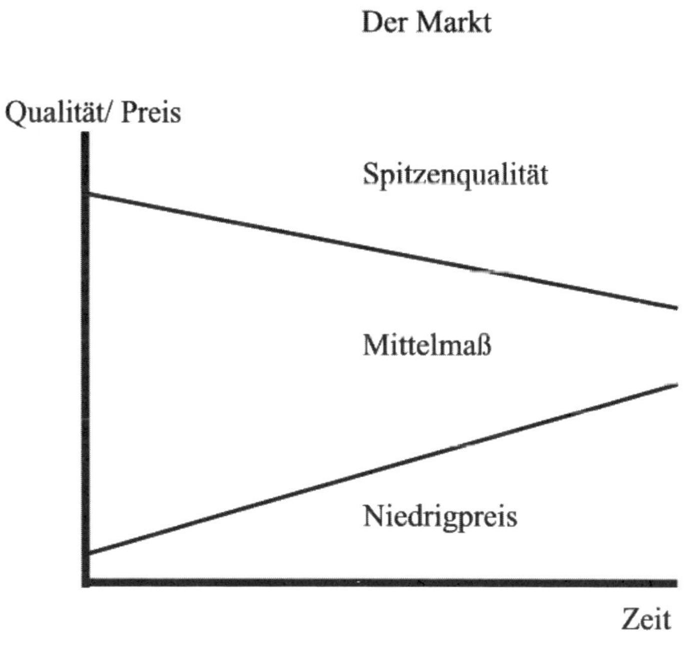

Zwischen 30 und 40 Prozent der heute am Markt befindlichen Produkte und Dienstleistungen kannten wir vor zehn Jahren überhaupt noch nicht. Umgekehrt kann dies aber auch bedeuten, dass zahlreiche vor zehn Jahren am Markt befindliche Produkte und Dienstleistungen heute überhaupt nicht mehr gefragt sind.
Dies spiegelt sich auch in der Erfahrung, dass heute Produkte eine 50 bis 75 Prozent kürzere Lebensdauer als noch im Jahr 1934 hatten; dies jedoch nicht aufgrund des heute größeren Verschleißes. Bestes Beispiel sind unsere Autos. Alle zwei bis vier Jahre modifizieren die Hersteller ihre Modelle.
Die Gründe liegen auf der Hand: Unser Wissen wächst rasant. Im Vergleich zum Jahre 0, also dem errechneten Geburtsjahr Christi, hat sich das weltweit vorhandene Wissen um das 16.000-fache bis 2001 vergrößert. Inzwischen verdoppelt es sich alle zwei bis drei Jahre.
Das hat natürlich Auswirkungen auf die technische Entwicklung und die damit verbundenen Möglichkeiten, Produkte und Dienstleistungen anzubieten. Gleichzeitig werden aber auch bei den Menschen Bedürfnisse geweckt. Auf der einen Seite will man das Neue. Auf der anderen Seite sucht man aber das Traditionelle, um der Schnelllebigkeit entgegenzuwirken. Bei den Autos zeigt sich dies beispielsweise am größer werdenden Markt für »Classic Cars«, also Fahrzeugen aus den 70er und 80er Jahren. Ein gut erhaltener VW-Käfer findet schnell einen Abnehmer, obwohl es auch das Nachfolgemodell VW Beatle mit »viel besserer Technik und Ausstattung« gibt.

Lebenszyklus eines Produktes

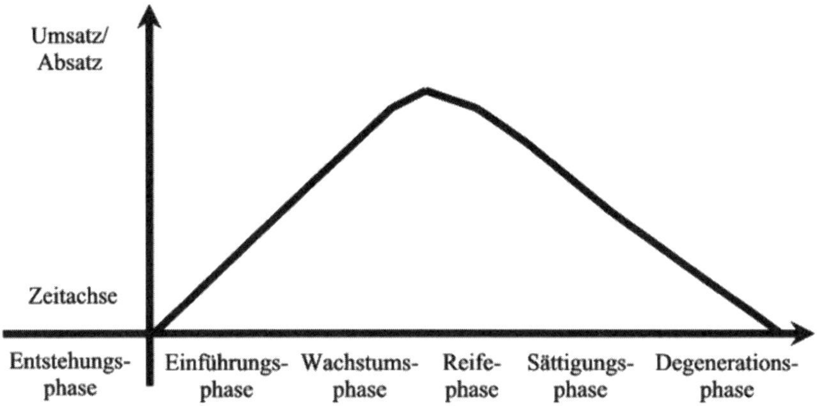

Alles anders als alle anderen – aber was?

Es gab auch Zeiten, da konnte produziert werden, was man wollte – es wurde verkauft. Die Zeiten sind – Gott sei Dank oder auch leider – vorbei. In vielen Bereichen ist der Markt gesättigt, wenn nicht sogar satt und nimmt nichts mehr auf.

z.B. Für Bürokratieabbau ist eigentlich jeder. Logische Konsequenz daraus ist aber, dass wir wenige Beschäftigte im öffentlichen Dienst brauchen, also auch weniger Büros in Behörden. Für die Baubranche heißt dies, dass der Staat in den nächsten Jahren seine Auftragstätigkeit noch weiter zurückfährt. Statt Neubauten gibt es höchstens Renovierungen. Das ein oder andere wird sogar ausgelagert werden. Dies schafft dann neue Chancen, aber nicht für die, die stur darauf warten, dass ein Neubau ausgeschrieben wird.

Derartige Beispiele aus dem Baubereich könnten noch viel mehr angeführt werden. Das Straßennetz ist nahezu komplett fertig gestellt, es wird nur zu Erhaltungsmaßnahmen kommen; Wohnungen werden aufgrund der demographischen Entwicklung – wir werden immer weniger – auch nicht mehr in dem Maße gebraucht, wie in den 50er bis 80er Jahren.

Der Markt zeigt sich grob betrachtet für den Käufer so, dass er auf alles jederzeit zugreifen kann. Uns Unternehmern muss klar sein, dass der Käufer bestimmt, wann und wo er einkauft. Der Kunde hat die Wahl. Für uns stellt sich dann die Frage, wie wir uns am besten positionieren können, damit der Kunde uns sieht, uns als beste Lösung erkennt und dann bei uns kauft.

Der Kunde nimmt uns über vier Faktoren wahr: Produkt/Dienstleistung, Preis, Vertrieb und Service. Mindestens einer dieser vier Faktoren muss so gestaltet sein, dass wir uns gegenüber den Mitbewerbern abheben.

Beispiel Produkt/Dienstleistung:
Marktführer bei Office-Anwendungen und Betriebssystemen ist weltweit Microsoft. Wer eine Tabellenkalkulation machen will, denkt sofort an Excel. Briefe werden mit Word geschrieben und nicht mit einer Textverarbeitung. Microsoft hat sich und seine Produkte zu Marken gemacht und sorgt so am Markt für Aufsehen.

> **!** Marken lassen sich leichter verkaufen, denn mit Marken werden Werte transportiert. Sie müssen jedoch aufgebaut werden. Mit einer Marke – was ja nichts anderes bedeutet als Einzigartigkeit – können Sie sich von der breiten Masse abheben.

Beispiel Preis:
Aldi ist der Preisbrecher schlechthin. Wer billig einkaufen will, denkt sofort an Aldi. Testkäufe mit anderen Ergebnissen werden von den Aldi-Kunden nicht beachtet. Aldi hat sich über den Faktor Preis in die Köpfe geschraubt und steckt dort (noch) fest.

! Billigster Anbieter kann nur einer sein. Gerade für kleine und mittelständische Unternehmen ist es schwierig, als Billiganbieter am Markt zu bestehen, zumal »Geiz ist geil« – der Slogan vom Billiganbieter der Unterhaltungselektronik – nicht alles ist.

Beispiel Service:
Die besten Tagungshotels in Deutschland zeichnen sich nicht durch die vorhandene beste Tagungstechnik aus. Diese ist Voraussetzung und kann auch von jedem anderen Hotel gekauft werden. Fragt man Teilnehmer und auch Referenten auf Tagungen in diesen Hotels, so ist es der Service, der alle begeistert.

! Harte Faktoren wie ein stimmiges Qualitäts-Preis-Verhältnis sind Voraussetzung für zufriedene Kunden. Begeisterte Kunden bekommen Sie, wenn durch entsprechenden Service eine emotionale Bindung aufgebaut und erhalten wird.

Beispiel Vertrieb:
Software kann sofort verfügbar sein. Sie muss nicht bestellt und dann durch Versand transportiert werden. Die Technik macht es möglich, dass wir Software-Produkte unabhängig von Zeit und Raum »downloaden« können.

! Befreien Sie sich von sturen Vertriebsgrenzen. Geographische oder traditionelle Barrieren können und müssen überwunden werden, um an mehr und neue Kunden zu kommen.

Den Kunden erreichen

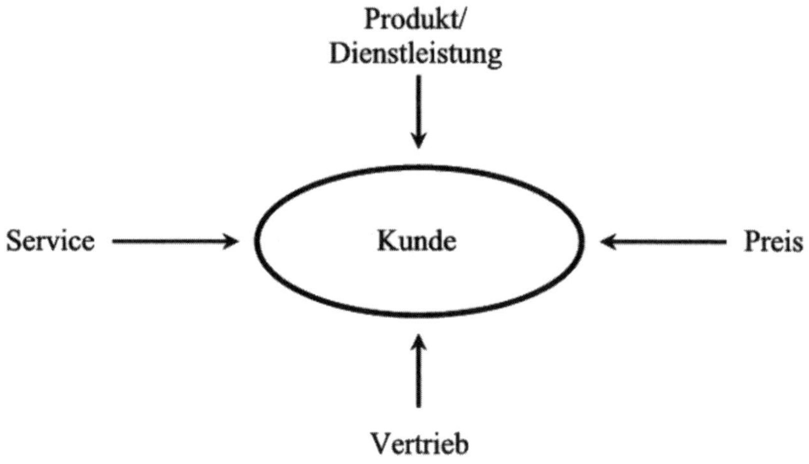

In mindestens einem dieser vier Bereiche müssen Sie anders sein als alle anderen. Nur so werden Sie von den Kunden überhaupt bewusst wahrgenommen und haben eine langfristige Chance am Markt zu bestehen. Natürlich können Sie auch in allen vier Bereichen anders sein als alle anderen. Dann stehen die Chancen am besten.

z.B. Ein Installateur bietet mit großem Erfolg Wellness-Räume an. Produkt: Bäder mit Sauna, Whirlpool etc., die komplett aus einer Hand geplant und gebaut werden. Fliesenleger, Elektriker, Schreiner werden alle vom Installateur beauftragt und überwacht.
Preis: Festpreis für alle Leistungen – keine versteckten und nachträglichen Mehrkosten.

Service: umfassende Beratung und die Möglichkeit zum „Probewohnen" in einer Ferienwohnung mit Wellness-Raum.
Vertrieb: durch Empfehlungen, für die es einen Gutschein für ein Wellness-Wochenende gibt. Tätigkeitsbereich laut Firmenprospekt weltweit.

Alles anders als alle anderen hieß lange Jahre, auf neueste Technik zu setzen. Diese kann sich Ihr Mitbewerber auch verschaffen. Setzen Sie (zudem) auf emotionale Bindung, diese können nur Sie und Ihre Mitarbeiter den Kunden bieten. Das ist einzigartig und nur nachahmbar.

Tipp Selbst ein Faktor wie der Preis kann durch emotionale Bindung relativiert werden. Unter Freunden – so sollte das Verhältnis zwischen Ihnen und Ihren Kunden sein – wird weniger gehandelt und der andere nicht über den Tisch gezogen.

Neue Bedürfnisse und Märkte schaffen

Wenn der Markt schon aufgeteilt ist, gibt es noch die Möglichkeit, einen neuen Markt zu entdecken. Hätten Sie noch vor Jahren gedacht, dass Ebay einige Millionen angemeldeter Nutzer alleine in Deutschland bekommt? Ein neuer Markt, bei Ebay besser gesagt ein neuer Marktplatz, hat völlig neue Möglichkeiten des Handelns geschaffen.
Gerade am Beispiel Ebay zeigt sich, wie durch Produkt/Dienstleistung, Preis, Vertrieb und Service die Marktführerschaft auf schnellstem Weg erreicht wurde. In einem neuen Markt wurden alle vier Faktoren konsequent auf den Kunden ausgerichtet. Der am stärksten fokussierte Aspekt war jedoch die Schaffung einer Marke. Wer weiß schon genau, was Ebay kostet? Es ist für viele uninteressant. Jeder kennt jedoch die Ebay-Internetadresse und das Logo.
Doch können Sie so einfach Ebay neu erfinden? Sicherlich können Sie dies. Es gibt ja inzwischen genügend Internet-Handelsforen. Doch so

erfolgreich, wie Ebay im Handeln oder Google bei den Suchmaschinen ist keiner. Wer zuerst an der Spitze steht, hat auch die besten Chancen diesen Platz zu verteidigen. Klar muss Ihnen auch sein, dass Sie einen Spitzenplatz nicht ohne weiteres halten können. Sie müssen weiter handeln und sich fortentwickeln.

Ein Sportler, der einmal eine Spitzenleistung erbracht hat und Sieger ist, muss weiter trainieren, um seinen Spitzenplatz verteidigen zu können. Wer aufhört zu rudern, treibt zurück.

Um neue Märkte schaffen zu können, sind zwei Voraussetzungen notwendig:
Erstens das Erkennen von Wünschen und Bedürfnissen der Kunden. Sie müssen wissen, was Ihre Kunden wollen und brauchen. Im Idealfall wissen Sie das schon vorher. Konzerne geben viel Geld für die Marktforschung aus. Sie als kleiner und mittelständischer Unternehmer haben es viel leichter. Fragen Sie Ihre Kunden direkt und hören Sie zu. Finden Sie heute Lösungen für die Probleme, die Ihre Kunden morgen haben werden.

z.B. Der Mangel an Facharbeitern ist in vielen Branchen absehbar. Gleichzeitig steigt auch der Druck, die Produktionskosten zu senken. Eine große Chance für Unternehmen, die Maschinen im Bereich der Rationalisierung anbieten. Verkaufen Sie jedoch nicht nur die Maschine, sondern ein Einsparpotenzial, das Sie mit harten (Zahlen) und weichen (größerer Unternehmenserfolg Ihres Kunden) Fakten darstellen.

Hier einige Tipps, um die Wünsche und Bedürfnisse Ihrer Kunden frühzeitig zu erkennen:

- Kundenbeirat: Sie sind im Dialog mit Ihren Kunden.
- Messebesuche mit Kunden und bei Kunden.
- Lesen von Studien und Fachzeitschriften der Kunden.

Mehr dazu auch im Kapitel Kunde.
Der zweite zu berücksichtigende Faktor ist der technische Fortschritt in Ihrer Branche und in benachbarten Branchen. Hier heißt es, immer den Kopf über den eigenen Tellerrand zu heben. Behalten Sie den Markt und die Mitbewerber im Auge:

- ❑ Technischen Fortschritt erkennen,
- ❑ Fachzeitschriften lesen,
- ❑ Messen besuchen,
- ❑ Einblicke in Hochschulen und Fachschulen nehmen,
- ❑ Eigene Weiterbildung, eigene Forschung und Entwicklung vorantreiben.

Neue Märkte

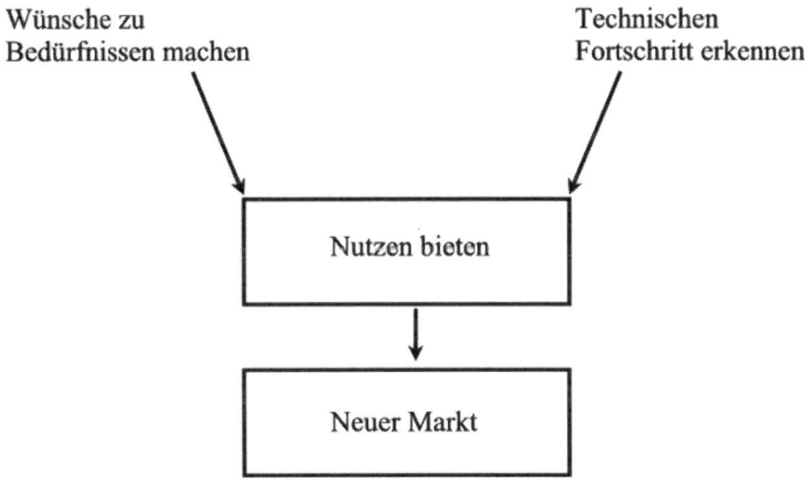

Tipp Halten Sie Kontakt zu Wissenschaftlern, die eine Verzahnung von Forschung und Praxis suchen. Oft wird dies auch durch Fördermittel finanziell unterstützt. Die Devise heißt: Augen auf und die Wissenschaft beobachten.
Das Unmögliche wird möglich durch Tun.
Neues wird entwickelt, weil Altes in Frage gestellt wird. Lassen Sie sich hier auch von Ihren Mitarbeitern helfen. Eine bewusste und zielgerichtete Förderung des Vorschlagswesens hilft, Potenziale zu entdecken und Chance zu nutzen.

Checkliste: Vorschlagswesen

- ❑ Jeder kann vorschlagen. Jeder muss vorschlagen.
- ❑ Alle Vorschläge werden geprüft und es gibt immer eine Rückmeldung.
- ❑ Jeder Vorschlag muss begründet sein auf: Nutzen für den Kunden, finanzielle Auswirkungen (Kosten, Ertrag), Auswirkungen auf andere Unternehmensbereiche und die Umsetzbarkeit.
  Zum Vorschlagswesen finden Sie ein Ideenblatt auf S. 122.

Zusammenfassung: Nur wenn Sie anders sind als alle anderen, haben Sie eine Chance, am Markt bewusst erkannt zu werden. Nur so können Sie langfristig überleben. Wir haben zu viele ähnliche Unternehmen, mit zu vielen ähnlichen Produkten und Dienstleistungen, zu vielen ähnlichen Mitarbeitern und somit ähnlichen geringen Erfolgen. Anders zu sein, heißt als Erstes die Denkrichtung zu ändern. Denken Sie aus der Sicht der Kunden.

Ziele strukturieren und planen im Businessplan

Businessplan: Der Fahrplan zum Ziel

Den Sprung in die Selbstständigkeit oder auch die weitere Entwicklung Ihres Unternehmens dürfen Sie nicht »aus dem Bauch heraus« entscheiden. Das Bauchgefühl ist zwar wichtig, mehr und mehr Manager verlassen sich auch darauf, doch vor allem geht es um die Fakten. Ein so genannter Businessplan muss alle Punkte berücksichtigen, die für Erfolg oder Misserfolg entscheidend sein können.

! Ein Businessplan muss schriftlich ausgearbeitet werden. Ihr fachliches Wissen in allen Ehren, doch hier ist externe Hilfe angebracht. Dies kann ein Berater der Kammer oder auch ein freiberuflicher Berater sein. Oder Sie fragen eine Person Ihres Vertrauens aus Ihrem Umfeld. Wichtig ist, dass durch die externe Hilfe zusätzliches Wissen und vor allem auch eine andere Sichtweise mit einfließen.

Businessplan: für wen?

Die Schriftlichkeit ist deshalb wichtig, weil Sie auf diese Weise Ihre Träume in konkrete Worte fassen können. Wenn Sie dies schaffen, haben Sie bereits den ersten Schritt zum Erfolg getan. Falls Ihnen aber schon das schriftliche Verfassen Ihrer Ziele schwer fällt, dann sollten Sie noch einmal nachdenken.

Tipp In der Kürze liegt die Würze. Ein Businessplan für eine Kleingründung, wie etwa im Handwerk oder bei einer freiberuflichen Tätigkeit, sollte fünf bis sieben Seiten umfassen. Ist er sauber und klar strukturiert, kann sich jeder Ihrer Ansprechpartner einen guten Überblick über Ihr Vorhaben verschaffen. Sie machen zudem deutlich, dass Sie ein ernst zu nehmender Geschäftspartner mit klaren Zielen sind. Weiterer Effekt: Wenn Sie sich umfassend mit der Materie auseinander setzen, werden Ihnen Erfolgspotenziale und Stolpersteine eher bewusst.

Checkliste: Das gehört in Ihren Businessplan

Gründerperson: Habe ich die nötige Qualifikationen? Habe ich besondere Stärken und Schwächen? Bin ich überhaupt Unternehmer?

! In einem Businessplan müssen Sie auch sich »verkaufen«. Bedenken Sie jedoch, dass der erste Käufer Sie selber sind, also nicht blauäugig an die Sache herangehen, sondern objektiv urteilen. Hier hilft auch der Rat von Freunden und der Familie.

Geschäftsidee: Welches Ziel verfolgen Sie mit Ihrem Geschäft?

! Erstes Ziel darf es nicht sein, Geld zu verdienen. Ihr Ziel muss sein, einen Nutzen zu bieten. Die Konsequenz daraus ist, dass Sie Geld verdienen.

Businessplan

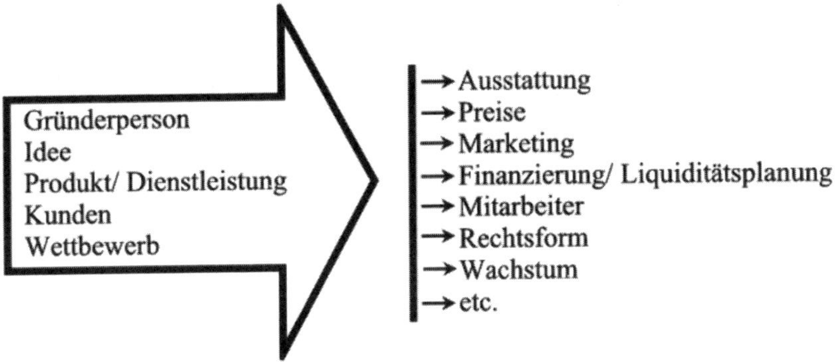

Produkte / Dienstleistungen: Was bieten Sie an und welchen Nutzen hat das Angebot für den Käufer?

z.B. Ein Gebäudereiniger bietet an, dass er die Räume seiner Kunden reinigt. Stellen Sie den Nutzen besser heraus: Sie bieten Gebäudereinigung, damit es Mitarbeitern und Kunden Freude macht, das Gebäude zu betreten. Natürlich muss das Besondere Ihrer Leistung ausführlich beschrieben werden.

Markt: Wer sind Ihre Kunden? Beschreiben Sie die Kundengruppe möglichst genau: Alter, Geschlecht, Einkommen, Beruf, Einkaufsverhalten etc.

Tipp Nehmen Sie sich die Fahndungsaufrufe der Polizei zum Vorbild. Je genauer die Täter beschrieben werden, desto größer ist der Fahndungserfolg. Gehen Sie es ähnlich bei der Suche nach Ihren Kunden vor.

Wettbewerb: Sie müssen wissen, mit wem Sie um die Kunden kämpfen. Schauen Sie sich Ihre Mitbewerber genau an. Was machen diese mit welchem Erfolg?

> **!** Sie können dann am Markt erfolgreich agieren, wenn Sie die Schwächen und Stärken Ihrer Mitbewerber kennen. Den größten Erfolg haben Sie, wenn die Schwächen der anderen durch Ihre Stärken übertrumpft werden können. Haben Sie die gleichen Stärken, dann müssen Sie überlegen, wo und wie Sie noch besser werden können.

Auf der Basis dieser Grundfragen können Sie dann in Ihrem Businessplan konkrete Maßnahmen planen:

- ❑ Welche technische Ausstattung und welche Räumlichkeiten sind nötig?
- ❑ Welche finanziellen Mittel werden gebraucht? Investitionsbedarf, Deckung der laufenden Ausgaben, Deckung des Lebensunterhaltes für den Gründer (Liquiditätsplanung).
- ❑ Welche Rechtsform ist sinnvoll?
- ❑ Wie können Mitarbeiter beschäftigt werden? Was kosten diese?
- ❑ Welche Risiken und Chancen bestehen? Wie wird dem begegnet werden?
- ❑ Wie wird die Entwicklung/das Wachstum gesehen?

> **!** Ein Businessplan benötigt insbesondere für die Vorlage bei Banken verschiedene Unterlagen:
> - ❑ *Lebenslauf* des Gründers/der Gründer in tabellarischer Form
> - ❑ *Vertragsentwürfe*: Gesellschaftervertrag, Mietvertrag etc.
> - ❑ *Kapitalbedarfsplan*: Für was wird Geld gebraucht? Rechnen Sie nicht zu knapp. Lieber 15 Prozent an Mehrkosten kalkulieren und dann 10 Prozent darunter liegen, als umgekehrt.

- *Finanzierungsplan*: Wie soll finanziert werden? Beachten Sie, dass es eine ganze Fülle von Förderprogrammen gibt. Im Zeitalter des Internets können Sie sich schon vor dem ersten Bankgespräch informieren. Für die meisten Programme gilt das Hausbankprinzip, sie müssen also über Ihre Hausbank beantragt werden.
- *Liquiditätsplan*: Welche Ausgaben und welche Einnahmen können erzielt werden? Beachten Sie dabei, dass auch Fixkosten unabhängig von den Einnahmen entstehen, zum Beispiel die Miete.
- *Rentabilitätsvorschau*: Welche Erträge können aufgrund der prognostizierten Umsätze und Aufwendungen erzielt werden?

Ihr Businessplan sollte auf die nächsten drei bis fünf Jahre ausgerichtet sein. Dies ist ein realistischer und überschaubarer Zeitraum. Während dieser Zeit kann er immer weiterentwickelt und fortgeschrieben werden.

Rentabilitätsvorschau

Ob Ihr Unternehmenskonzept überhaupt wirtschaftlich tragfähig ist, müssen Sie als Gründer genauso in Frage stellen, wie wenn Sie bereits ein Unternehmen führen. Sie sollten laufend die Kosten für die kommenden Jahre planen. So haben Sie ein entsprechendes Instrument zur Unternehmenssteuerung vorliegen. Sie sehen sofort, wenn Kosten über Plan anfallen und können umgehend gegensteuern.

! Die Rentabilitätsvorschau ist angelehnt an Konten der Buchführung. Die vorliegende Tabelle dient als Beispiel und kann Ihren Bedürfnissen entsprechend angepasst werden. Wichtig ist, dass Sie überhaupt planen und im nächsten Schritt dann kontrollieren.

Rentabilitätsvorschau

	1. Jahr	2. Jahr	3. Jahr
Erlöse aus Dienstleistungen			
+ Erlöse aus Handel			
= Summe Erlöse			
- Materialkosten			
- Roh-, Hilfs- und Betriebsstoffe			
- Fremdleistungen			
- Provisionen			
- Garantieleistungen			
= Rohertrag			
- Personalkosten			
- Raumkosten (Miete)			
- Energiekosten			
- laufende Fahrzeugkosten			
- Rechts- und Steuerberaterkosten			
- Büroaufwand (Telefon, Porto etc.)			
- Versicherungen/Beiträge/Gebühren			
- Gewerbesteuer			
- Werbekosten			
- Reisekosten			
- sonstige Aufwendungen			
= erweiterter Cashflow			
- Zinsaufwendungen			
= Cashflow			
- Abschreibung			
= Betriebsergebnis			
- kalkulatorische Kosten			
= betriebswirtschaftliches Ergebnis			

z.B. Ein Beratungsunternehmen hat als größten Kostenfaktor die Personalkosten. Deshalb müssen für die Rentabilitätsvorschau die Kosten möglichst genau vorausgeplant werden. Neben den eigentlichen Lohnkosten wären dies die so genannten Lohnzusatzkosten (Sozialversicherungsbeiträge), sowie weitere Kosten, die über den Faktor Lohn bestimmt werden, wie etwa die Beiträge zur Berufsgenossenschaft.

Wenn Sie als Gründer noch über keine Planungszahlen verfügen, dann nehmen Sie Betriebsvergleiche zur Hilfe. Sowohl Kammern (Handwerkskammern, Industrie- und Handelskammern), als auch Fachverbände des Handwerks, Kreditinstitute, Sparkassen, Volks- und Raiffeisenbanken sowie verschiedene Institute legen diese regelmäßig auf. Auf bestimmte Branchen spezialisierte Steuerberater geben ebenfalls derartige Vergleiche an Ihre Mandanten weiter.

Tipp Ein Betriebsvergleich zeigt den Mittelwert aus den unter die Lupe genommenen Unternehmen. Er zeigt nicht die Werte der Spitzenbetriebe. Für Sie kann er Richtschnur, jedoch nicht automatisch Ziel sein.

Betriebsvergleiche können Sie zum Beispiel bei folgenden Stellen anfordern:

- Institut für Handelsforschung an der Universität zu Köln
  www.ifhkoeln.de
- Landes-Gewerbeförderungsstelle des nordrhein-westfälischen Handwerks
  www.lgh.de
- Betriebsvergleiche der Steuerberater
  www.datev.de

Kalkulation – die Ermittlung des Preises

Das Fundament des unternehmerischen Entscheidungsprozesses bilden die Kosten. Jeder Unternehmer muss sich fragen, wie die entstehenden Kosten gedeckt werden können. Eine einfache Faustformel sagt: Umsatz minus Kosten (Aufwand) ergibt den Ertrag. Bei jeder Arbeit sollte man ermitteln, was diese für einen Umsatz bringt und welche Kosten dabei entstehen.

Kalkulation:

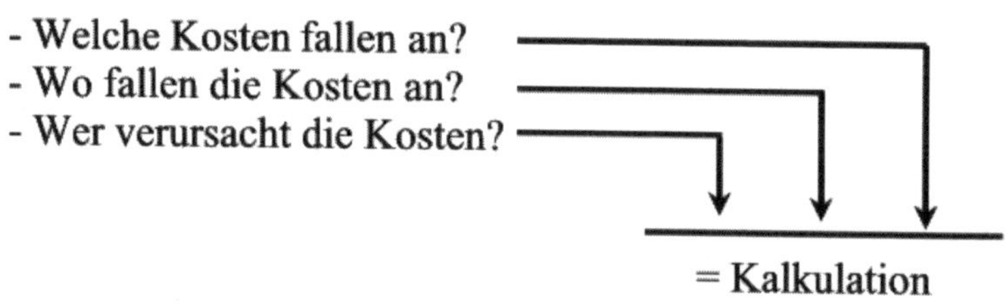

Sicherlich müssen Sie auch mal in den sauren Apfel beißen, ob Sie wollen oder nicht. Es müssen auch Produkte verkauft oder Leistungen erbracht werden, bei denen der Umsatz im Verhältnis zu den Kosten gleich oder sogar niedriger ist. Doch dies darf nicht ständig der Fall sein. Deshalb muss genau kalkuliert werden, zu welchem Preis verkauft wird.

Vermeiden Sie die so genannte Schaufensterkalkulation. Gemeint ist damit, sich den Preis des Mitbewerbers anzuschauen und dann seinen Preis zu bestimmen. Dieser hat unter Umständen ganz andere Kosten oder kalkuliert vielleicht gar nicht. Sie können den Preis des Mitbewerbers jedoch durchaus im Blick behalten.

Welche Kosten fallen an? – Kostenartenrechnung

Erste Aufgabe einer Kalkulation ist die Erfassung der Kosten. Bei der Kostenartenrechnung werden alle im Betrieb anfallenden Kosten erfasst. Hierzu zählen alle Kosten verursachenden Faktoren, die im Zusammenhang mit der Herstellung eines Produktes, mit dessen Transport und Verkauf oder seiner Verwertung in Zusammenhang stehen.

Diese Kosten können leicht aus der Buchhaltung entnommen werden. In den monatlichen Auswertungen lassen sich die Kosten rückwirkend betrachten. Nicht zu finden in der Buchhaltung sind die kalkulatorischen Kosten. Hierunter versteht man Kosten, die »nur auf dem Papier« entstehen. Sie wirken sich jedoch ganz konkret auf den Gewinn durch entgangene Einkünfte bzw. durch später anfallende Kosten (zum Beispiel bei Neuanschaffungen) aus.

Wie wird beispielsweise die Arbeitszeit des Inhabers verrechnet? Viele denken, dies geschieht über den Gewinn. Eine falsche Annahme. Der Gewinn soll der Lohn für die Unternehmertätigkeit und dessen Risiken sein. Die eingebrachte Arbeitszeit sollten Sie über den so genannten »Unternehmerlohn« verrechnen.

Weitere kalkulatorische Kosten können sein:

Kalkulatorische Zinsen: Sie stellen als Unternehmer Ihrem Betrieb Finanzmittel als Eigenkapital zur Verfügung.

Kalkulatorischer Risikozuschlag: Dieser dient dazu, mögliche besondere Risiken abzudecken. Beispiel wäre ein größerer Defekt an Maschinen und Geräten.

Kalkulatorische Abschreibung: Diese berücksichtigt einen höheren Wiederbeschaffungspreis, der durch die buchhalterische Abschreibung nicht gedeckt ist.

Kalkulatorische Eigenmiete: Raummiete für eigene Räume, die bei Fremdanmietung gezahlt werden müsste.

! Bedenken Sie jedoch auch, dass es nicht immer möglich ist, alle Kosten und Aufwendungen in der Kalkulation zu berücksichtigen. Sonst wären Ihre Preise nicht marktfähig.

Wo fallen die Kosten an? – Kostenstellenrechnung

In einem weiteren Schritt werden nun alle erfassten Kosten auf die verursachenden Betriebsbereiche (Kostenstellen) verteilt. Sie erleichtern merklich Ihre Arbeit, indem Sie schon bei der Kostenerfassung, also der Buchhaltung, die Kosten entsprechenden Stellen zuordnen. Es kann sein, dass für jede Filiale entsprechende Konten eingerichtet sind:

In vielen Fällen ist es jedoch nicht klar erkennbar, welche Kostenstelle, welche Kosten verursacht hat. Wie sollen zum Beispiel 10.000 Euro jährliche Werbekosten für Zeitungsanzeigen auf die fünf Filialen verteilt werden? Gleichmäßig, das heißt, jeder Filiale werden 2.000 Euro auf ihre Kostenstelle angerechnet? Oder nach dem erbrachten Umsatz entsprechend prozentual umgerechnet?

Bedenken Sie in diesen Zusammenhang: Nur wenn Sie in der Lage sind, die einzelnen Unternehmensbereiche gesondert zu betrachten, können Sie die Wirtschaftlichkeit des Unternehmens beurteilen. Wie wollen Sie sonst Schwachpunkte im Betriebsprozess feststellen? Es genügt also nicht, wenn Sie nur die Kostenstelle »Verkauf« erfassen. Vielmehr ist es nötig, diese nach den Filialen aufzugliedern.

Wer verursacht die Kosten? – Kostenträgerrechnung

Sie wissen nun, welche Kosten anfallen und wo die Kosten anfallen. Jetzt stellt sich die Frage: Wer bezahlt diese Kosten? Natürlich der Kunde – beim Kauf etwa unserer Backwaren und Leistungen. Sie müssen also nach dem Verursacherprinzip die Kosten einem bestimmten Produkt oder einer Leistung (Kostenträger) zuordnen.

Recht einfach ist dies bei den Einzelkosten, wie beispielsweise den Materialkosten. Diese können für jedes Produkt genau erfasst und berechnet werden. Weitere Einzelkosten sind die Personalkosten bei der Herstellung. Auch diese lassen sich zeitlich erfassen. Wie sie dann verrechnet werden, muss man mit Hilfe des Stundenverrechnungssatzes ermitteln.

Etwas anders sieht es bei den Gemeinkosten aus. Dies sind Kosten, die allgemein während des Geschäftsbetriebes entstehen. Wie können diese auf die Produkte (Kostenträger) verrechnet werden? Bewährt hat sich hier, mit Hilfe der Kostenstellenrechnung allgemeine Zuschlagssätze zu ermitteln. Diese werden auf das jeweilige Produkt aufgeschlagen. So können Sie genau herausfinden, welchen Selbstkostenpreis Sie am Markt erzielen müssen, um in die Gewinnzone zu kommen.

! Kalkulation heißt also, zuerst die entstehenden bzw. entstandenen Kosten zu ermitteln. Aufgrund dieser Kosten ergibt sich dann der Preis einer Leistung. Beachten Sie, dass eine Leistung erst dann zum Wert wird, wenn man sie tatsächlich verkauft.

z.B. Kalkulation des Stundenverrechnungssatzes:

Tage im Jahr	365
./. Samstag/Sonntag bzw. freie Tage	104
./. Feiertage	10
./. Urlaub	30
./. Krankheit (Durchschnittlich)	10
Anwesenheitstage pro Jahr	211

x 8 Stunden
Arbeitsstunden pro Mitarbeiter/ Jahr 1688

Kosten	Euro
Personalaufwand	176.000,00
+ Raumkosten	24.000,00
+ Steuer/Versicherungen	6.000,00
+ Kfz-Kosten	7.000,00
+ Werbekosten	2.500,00
+ Abschreibung	45.000,00
+ Kalkulatorische Kosten	60.000,00
Gesamtkosten	320.500,00

Arbeitszeit der Produktion in Stunden	8650
Stundenkostensatz (Gesamtkosten : Gesamtstunden)	37,05

Gerade als Neueinsteiger/Gründer haben Sie jedoch das Problem, dass Ihnen kein Zahlenmaterial aus den Vorjahren für Ihre Kalkulation zur Verfügung steht. Hier müssen Sie auf Ihre geplanten Zahlen aus dem Businessplan zurückgreifen.
Der in Ihrer Kalkulation ermittelte Preis sagt jedoch noch lange nichts darüber aus, ob der Markt diesen Preis auch bezahlen wird. Hier unterscheiden wir deshalb zwischen Kostenpreis, also dem kalkulierten Preis, und Marktpreis, also dem am Markt durchsetzbaren Preis.

Entscheidungshilfen

Ist der kalkulierte Preis höher als der Marktpreis:

- ❏ Aufwand senken
- ❏ Mehrwert bieten
- ❏ Neue Kunden und Vertriebswege suchen
- ❏ Nachkalkulation vornehmen

Ist der kalkulierte Preis niedriger als der Marktpreis:

- ❏ Nachkalkulation vornehmen
- ❏ Gründe für den niedrigen Preis erkennen
- ❏ Kundenstamm vergrößern und Vertriebswege ausbauen
- ❏ Preisvorteil als Werbebotschaft nutzen

***Zusammenfassung**:* Ein Businessplan ist der erste Schritt zur Umsetzung Ihrer Idee in die Tat. Klar, genau und strukturiert stellen Sie Ihr Unternehmen dar, wie es bald Wirklichkeit werden soll. Denken Sie auch daran, wer den Businessplan liest und was Sie damit erreichen

wollen. Die Wirtschaftlichkeit Ihres Vorhabens planen Sie als Gründer und auch als Unternehmer mit regelmäßigen Ertragsvorschauen.
Teil des Businessplanes wird auch die Kalkulation sein. Kein Preis darf heute mehr aus dem Bauch heraus entschieden werden. Kalkulation heißt, dass Sie die entstehenden Kosten den Kunden durch Ihre Produkte und Leistungen in Rechnung stellen.

Geld beschaffen und damit umgehen

Investitionsplanung

Eine gute Finanzierung ist die Basis für einen erfolgreichen und sicheren Aufbau Ihres Betriebes. Zu planen sind Investitionen in langfristige Vermögensgegenstände wie Grundstücke, Gebäude, Maschinen, Fahrzeuge, aber auch, was kurzfristig insbesondere in der Startphase an finanziellen Mitteln gebraucht wird. Planen Sie zusätzlich Reserven für Unvorhergesehenes mit ein.
In der Investitionsplanung sind außerdem die Startkosten für den laufenden Betrieb wie etwa Betriebsmittel zu berücksichtigen. Es müssen die Kosten finanziert werden, bis das erste Geld reinkommt. Häufig wird außerdem vernachlässigt, dass schon vor der Gründung Kosten entstehen. Diese müssen auch in den Rahmen einer Investitionsplanung einfließen.
Prüfen Sie Sparmöglichkeiten:

- *Gebraucht kann auch gut sein*: Über Ebay und auch über Spezialhandelsplattformen im Internet können Sie gebrauchte, neuwertige oder neue Waren wie Büroeinrichtungen etc. kaufen.
- *Leasen statt kaufen:* Finanzielle Mittel können Sie frei machen, indem Sie Maschinen oder Fahrzeuge, aber auch Bürotechnik und Software leasen. Bitte die Konditionen und Vertragsmodalitäten vorher genau prüfen.
- *Auslagern von Tätigkeiten:* Gerade in der Startphase können oftmals Arbeiten von freien Mitarbeitern nach Aufwand außerhalb erledigt

werden. Andere Arbeiten können ganz ausgelagert werden, um so Investitionen für die benötigten Arbeitsmittel zu sparen.

Bedenken Sie bei einer Investitionsplanung auch Ihre laufenden privaten Kosten. Sie müssen in der Startphase mit viel Arbeit und wenig Lohn rechnen. Aber zumindest Ihre Kosten müssen gedeckt sein. Versuchen Sie diese durch Ersparnisse zu decken. Wenn es nicht möglich ist, muss dies eben kurzzeitig mitfinanziert werden. Beachten Sie: Jede Privatentnahme aus Krediten muss mit Zinsen zurückbezahlt werden!

Kapitalbedarfsplan

Investitionen für die Aufnahme der Geschäftstätigkeit:	
Grundstücke	Euro
Gebäude	Euro
Umbaumaßnahmen	Euro
Maschinen, Geräte	Euro
Einrichtungen	Euro
Fahrzeuge	Euro
Reserve	Euro
Investitionen für die Aufnahme des laufenden Geschäftsbetriebes:	
Material	Euro
Zukauf von Material und Leistungen	Euro
Zukauf von Ware	Euro
Forderungen/Außenstände	Euro
Reserve	Euro
Gründungskosten:	
Beratung	Euro
Anmeldung/Genehmigung	Euro
Eintragungen/Notar etc.	Euro
Kapitaldienst in der Startphase:	
Zins- und Tilgungskosten	Euro
Privatentnahmen	Euro

Die Aufgliederung des Kapitalbedarfs in die verschiedenen Rubriken ist deshalb notwendig, weil unter Umständen unterschiedliche Förderprogramme hierfür in Frage kommen. So kann die Investition in Gebäude durch langfristige öffentliche Fördermittel finanziert werden, während die Beratungskosten durch einen Festzuschuss der öffentlichen Hand ergänzt werden können.

! Je mehr Eigenkapital Sie haben, desto besser. Es schützt Sie vor finanziellen Engpässen und dient als Risikopolster. Zudem ist es Zeichen für Ihre Kreditwürdigkeit. Verschiedene Online-Rechentabellen wie etwa für die Eigenkapitalberechnung finden Sie unter www.gruenderportal.de.

Geld beschaffen

Nachdem Ihr Finanzbedarf feststeht, muss überlegt werden, wie Sie an Geld kommen. Plagen Sie sich beim Thema Geldbeschaffung aber nicht mit einem schlechten Gewissen. Eine Finanzierung ist ein Geschäft wie jedes andere. Sie leihen sich Geld (Kredit) und zahlen dafür (Zins).

Eine wesentliche Rolle bei der Geldbeschaffung spielt das Bankgespräch. Bankkredite, aber auch Förderkredite müssen durch die Hausbank beantragt werden. Diese entscheidet dann über Ihre Kreditwürdigkeit und die Kreditvergabe sowie bei Bankkrediten über die Konditionen.

Gehen Sie vorbereitet zur Bank. Auch hier gilt: Je besser die Planung, desto größer sind die Erfolgsaussichten. Vorzubereiten ist ein entsprechender Businessplan mit Kapitalbedarfsrechnung, Rentabilitätsvorschau und Absatzplatzung.

Tipp Reichen Sie die Unterlagen – nach Absprache – schon vorab ein. So kann sich Ihr Gesprächspartner in der Bank entsprechend vorbereiten.

Bereiten Sie Argumente vor: Warum wollen Sie gründen? Warum wollen Sie investieren? Welche Potenziale erkennen Sie? Wie heben Sie sich von den Mitbewerbern ab? Welchen konkreten Nutzen bieten Sie Ihren Kunden? Zeigen Sie auch diese Argumente durch Muster, Proben etc.

! Nehmen Sie sich Hilfe mit: Dies kann Ihr Lebenspartner oder Ihr Unternehmensberater sein. Ihr Lebenspartner kann signalisieren, dass Sie unterstützt werden. Ihr Unternehmensberater kann entsprechende fachliche Hilfestellung leisten. Vorab müssen jedoch die Rollen geklärt sein. Hauptdarsteller im wahrsten Sinne des Wortes sind Sie.

Sie brauchen keine Angst zu haben. Sie treten nicht als Bittsteller bei der Bank auf. Wenn Sie nicht zeigen, dass Sie hundertprozentig hinter Ihren Vorhaben stehen, werden Sie die Bank nicht überzeugen. Rechnen Sie damit, dass Ihnen nicht gleich die erste Bank eine Zusage machen wird. Gehen Sie von Anfang an auf mehrere Banken zu.
Genauso, wie Sie sich vor dem Bankgespräch mit dem Businessplan auseinander gesetzt haben, sollten Sie sich auch mit den Finanzierungsmöglichkeiten und den aktuellen Konditionen auseinander setzen. Dann können Sie mit Ihren Gesprächspartnern auf Augenhöhe reden.

Tipp Informieren Sie sich bei Förderbanken vorab über die möglichen Förderprogramme. Neben Finanzhilfen durch verbilligte und tilgungsfreundliche Kredite gibt es auch eine ganze Reihe von Fördermöglichkeiten wie Zuschüsse, Haftungsfreistellungen und ähnliche Dinge. Das Bundeswirtschaftsministerium hat zum Beispiel eine Förderdatenbank online gestellt (www.bmwa.bund.de).

Sollte Ihnen von Seiten der Banken kein oder nicht im vollen Umfang benötigtes Kapital zur Verfügung gestellt werden, können Sie den Weg über das Beteiligungskapital wählen. So lassen sich vor allem größere und auch risikoreichere Projekte finanziell auf die Beine stellen. In Deutschland gibt es über 200 Kapitalbeteiligungsgesellschaften, die Beteiligungen ab ca. 250.000 Euro übernehmen. Es müssen aber auch hohe Renditen von mehr als 25 Prozent in Aussicht stehen. Die öffentliche Hand unterstützt durch die KfW (Förderbank) Unternehmen zum Beispiel durch ihr Risikokapitalprogramm.

! Voraussetzung für die Gewährung von öffentlichen Förderprogrammen ist die Antragsstellung vor der Investition, also bevor Sie mit dem Vorhaben beginnen. Von Existenzgründern wird zudem eine ausreichende fachliche und kaufmännische Qualifikation verlangt.

Rating – so sieht uns die Bank

Rating hat sich in den letzten Jahren als Schreckgespenst der mittelständischen Wirtschaft entwickelt. Es wurde gleichgesetzt mit der Angst, keine Kredite mehr zu bekommen. Doch Rating ist eigentlich gar nichts Neues. Bereits 1950 trat der Begriff im angloamerikanischen Sprachraum im Zusammenhang mit der Bonitätseinstufung von Schuldnern auf (englisch: to rate = jemanden einschätzen, beurteilen). Heute findet der Begriff Rating in vielen Lebensbereichen Anwendung: Hotels werden klassifiziert, die Fahrzeugsicherheit wird von neutralen Instituten bewertet, selbst Sportler werden auf Ranglisten eingestuft. Das Grundprinzip des Ratings ist ziemlich einfach: Es geht immer um eine Bewertung, die letztlich mit einer Zensur verbunden ist.

! Dem Kredit-Rating werden nach § 18 des Gesetzes über das Kreditwesen (KWG) grundsätzlich alle Unternehmen unterworfen, denen Kredite von insgesamt mehr als 250.000 Euro gewährt werden.

Sie könnten jetzt sagen, dass Sie als Kleinunternehmer niemals 250.000 Euro an Krediten aufnehmen werden. Natürlich sind aber auch Sie einem Rating durch Ihre Hausbank unterworfen. Auch Sie werden künftig noch strenger geprüft werden. Die ganze Diskussion über das Rating auch für kleine Betriebe brachte eine neue Bewertungsmentalität. Neben der Vergangenheit wird im stärkeren Maße die Zukunftsfähigkeit der Unternehmen bei Kreditentscheidungen berücksichtigt. Danach richtet sich auch die Zinshöhe.

Rating steht im direkten Zusammenhang mit Basel II. Ziel der so genannten Basel II-Regelung ist eine Stabilisierung des Banken- und Finanzsystems, um Finanzkrisen zu verhindern. Diese könnten entstehen, wenn Unternehmen Kredite bewilligt bekommen, die sie nicht mehr zurückzahlen können. In der Folge kann es zu Insolvenzen der betroffenen Kreditinstitute, aber auch von Partnerfirmen kommen. Basel II und das damit verbundene Rating wollen eine transparente Kreditvergabe und damit weniger Probleme in der Wirtschaft erreichen.
Obwohl Basel II erst am 31.12.2006 offiziell in Kraft tritt, wird es schon heute in der Kreditvergabe angewendet. Für jeden Kredit müssen nicht nur die Kreditnehmer Sicherheiten stellen, sondern auch die Banken und Sparkassen. Sie sind angehalten, einen eigenen Eigenkapitalanteil als »Risikopuffer« bereitzustellen. Für ein höheres Risiko müssen die Kreditinstitute mehr Eigenkapitalanteil stellen. Auf den Kreditnehmer kommen deshalb höhere Zinsen zu.
Über Beleihungswerte gibt es keine gesetzlichen Vorschriften, außer bei Hypothekendarlehen und Versicherungen. Hier einige Orientierungswerte:

Grundstücke:	60 bis 80 Prozent des Verkehrswertes
Bankguthaben:	100 Prozent des Nennwertes
Kapitallebensversicherungen:	100 Prozent des Rückkaufwertes
Kundenforderungen gegen die öffentliche Hand:	90 Prozent des Forderungsbetrages
Maschinen/Geschäftsausstattung:	30 bis 50 Prozent des Zeitwertes

Beachten Sie bitte bei der Abtretung von Kapitallebensversicherungen, dass Sie bei Zahlungsunfähigkeit ein doppeltes Risiko eingehen: Ihre Altersversorgung ist weg und Sie verlieren unter Umständen viel Geld, weil nur der Rückkaufwert gezahlt wird.

Bei einem Rating wird allerdings viel mehr gemacht als nur die Prüfung der Sicherheiten. Man beurteilt, wie die voraussichtliche wirtschaftliche Fähigkeit eines Kreditnehmers ist, seinen Zahlungsverpflichtungen termingerecht nachzukommen. Es wird eine Bestandsaufnahme der Gesamtsituation gemacht. Mit Hilfe der Bilanzanalyse wurden bisher nur rückwirkende Entwicklungen beurteilt. In einer Gesamtnote wird die Wahrscheinlichkeit (Ausfallrate) ermittelt, mit der das entliehene Geld für die Bank verloren gehen könnte.

! Der wichtigste Schluss, den Sie als Kreditnehmer aus dem Thema Rating ziehen sollten, ist, Ihren Betrieb der Bank gegenüber bestmöglich transparent zu zeigen. Vorteil des Ratings ist für Sie zudem, dass Sie selber besser wirtschaften können, wenn Sie Ihr Unternehmen kennen.

Beim Rating analysieren die Banken:

- die wirtschaftliche Situation der letzten drei Jahre (Jahresabschluss),
- die Qualität der Unternehmensleitung und der Unternehmensorganisation,
- die Situation des Unternehmens im Markt,
- die Zukunft des Unternehmens und der Branche,
- die Beziehung zwischen Unternehmen und Hausbank,
- die Unternehmensentwicklung und die weitere Unternehmensplanung (Stichwort: Expansion, Nachfolge).

Wenn Sie dies wissen, können Sie sich entsprechend auf das Rating Ihrer Bank vorbereiten. Hier einige Tipps:

- Organisieren Sie Ihren kaufmännischen Bereich gut und transparent. Möglich macht dies zum Beispiel ein Organisationshandbuch, in dem alle wichtigen Abläufe im Unternehmen beschrieben sind.

- Arbeiten Sie mit betriebswirtschaftlichen Werkzeugen wie Kalkulation auf der Basis aktueller Zahlen, Soll-Ist-Vergleichen, Forderungsmanagement.
- Erläutern Sie Ihre Zahlen und Entwicklungen. Was ein Gründer im Businessplan macht, kann ein Unternehmer auch fortlaufend machen. Dies schafft Transparenz der Bank gegenüber und vermittelt Ihnen einen Fahrplan zum Ziel.
- Betriebswirtschaftliches Know-how wird immer wichtiger. Dies erkennt auch die Bank an und Sie können es täglich nutzen. Weiterbildung für alle Mitarbeiter ist ein Muss.
- Planen Sie Ihre Nachfolge und sorgen Sie für Risiken vor (Stichwort: Patientenverfügung, Testament). Sichern Sie sich gegen private Risiken (Scheidung) ab.

Tipp Sie können sich mit Hilfe von verschiedenen Analyse-Tools auf das Rating durch Ihre Bank vorbereiten. Auf der Homepage des Beratungs- und Informationssystems Handwerk (www.bis-handwerk) findet sich zum Beispiel ein Fragebogen, den Sie online und anonym ausfüllen können. Sofort erhalten Sie das entsprechende Ergebnis mit Handlungsempfehlungen.

Umgang mit Forderungen

Der Fisch ist erst gefangen, wenn er im Boot ist. Diese alte Kaufmannsregel muss heute mehr denn je beachtet werden. Immer mehr Kunden lassen sich immer mehr damit Zeit, ihre Rechnungen zu bezahlen. Immer mehr Kunden sind überhaupt nicht mehr in der Lage, ihre Rechnungen zu begleichen. Schleppender Zahlungseingang oder gar der totale Forderungsausfall kann Unternehmen in eine finanzielle Schieflage bringen.

!

Ein Kunde ist dann in Verzug, wenn er 30 Tage nach Erhalt der Rechnung bzw. 30 Tage nach dem genannten Fälligkeitsdatum seine Rechnung immer noch nicht bezahlt hat. Wenn Sie nach einer ersten Zahlungserinnerung eine Mahnung schicken, sind Sie berechtigt Mahngebühren zu erheben.

Forderungsmanagement heißt jedoch, schon viel früher anzusetzen. Bereits vor Annahme eines Auftrages kann die Wahrscheinlichkeit des pünktlichen Zahlungseinganges geprüft werden. Sie sind zu dem Zeitpunkt, an dem Sie eine Lieferung an einen Kunden tätigen, als Kreditgeber aktiv. Sie müssen also schauen, wie Sie an Ihr Geld kommen.

Tipp

Sie können heute online über entsprechende Anbieter die Kreditwürdigkeit Ihre Kunden überprüfen:

- ❑ Stimmt die angegebene Anschrift und die Rechtsbezeichnung des Unternehmens?
- ❑ Liegen negative Bonitätsbeurteilungen vor?

Dies sollten Sie in Ihre Entscheidung einbeziehen und gegebenenfalls den entsprechenden Auftrag auch mal ablehnen. Alternativ bietet sich an, auf Vorkasse zu arbeiten bzw. entsprechende Voraus- und Abschlagszahlungen zu vereinbaren.

Die Zahlungsziele lassen sich bereits im Vorfeld fixieren. Dies können Sie zum einen in Ihren AGB (Allgemeinen Geschäftsbedingungen) oder auch ganz konkret in Ihren Angeboten. Durch das Gewähren von Skonto können Sie die Zahlungsfreudigkeit erhöhen. Bei größeren Beträgen empfiehlt es sich, auf Sicherheiten wie Bankbürgschaften zurückzugreifen.

Tipp

Nutzen Sie die Ihnen vorliegenden Daten: Wie hat der Kunde bisher bezahlt? Welche Informationen liegen Ihren Außendienstmitarbeitern über den Kunden vor (hohe Lagerbestände, nicht ausgelastete Kapazitäten, schlechtes Image etc.)?

Wichtig ist sowohl im Angebot, als auch in der Rechnung die erbrachten Leistungen klar und transparent darzustellen. Jede Ungenauigkeit und jeder Fehler in Ihrer Rechnung kann vom Kunden dazu genutzt werden, die Zahlung hinauszuschieben oder zu verweigern. Stellen Sie bei größeren Aufträgen auch Abschlagszahlungen. Auch hier gilt es wieder, die erbrachten Leistungen genau darzustellen.

!

Beachten Sie die rechtlichen/steuerrechtlichen Vorgaben bei der Stellung von Rechnungen:

- ❏ Korrekte und vollständige Anschrift des Lieferungs- und Rechnungsempfängers
- ❏ Steuernummer oder die Umsatzsteuer-Identifikationsnummer (USt-IdNr.) des leistenden Unternehmens
- ❏ Ausstellungsdatum
- ❏ Zeitpunkt der Lieferung oder sonstigen Leistung
- ❏ Korrekte Beschreibung der erbrachten Leistung (Menge und handelsübliche Bezeichnung)
- ❏ Aufschlüsselung des Entgeltes nach einzelnen Umsatzsteuersätzen bzw. -steuerbefreiung (nur wenn die Umsätze unterschiedlichen Steuersätzen unterliegen)
- ❏ Anzuwendender Umsatzsteuersatz
- ❏ Fortlaufende Nummer Ihrer Rechnung
- ❏ Den auf das Entgelt entfallenden Steuerbetrag oder ein Hinweis auf die Steuerbefreiung
- ❏ Bei Leistungen zwischen verschiedenen EU-Mitgliedsstaaten die USt-IdNr. des leistenden Unternehmens und des Leistungsempfängers

Natürlich gehört es auch dazu, die Zahlungseingänge und -termine genau zu überwachen. Ihre Kunden erwarten von Ihnen pünktliche Lieferungen. Erwarten Sie von Ihren Kunden eine pünktliche Zahlung. Fassen Sie sofort, aber bestimmt nach. Dies signalisiert auch, dass man mit Ihnen nicht spielen kann.

z.B.

Beispiel Zahlungserinnerung freundlich:

Sehr geehrte/r ......,

unser Computer behauptet steif und fest, dass Sie unsere Rechnung Nr. .... vom .... noch nicht bezahlt haben. Bitte prüfen Sie dies. Sollte die Rechnung noch nicht beglichen sein, dann überweisen Sie den Rechnungsbetrag in Höhe von ..... Euro bis zum .... auf unser Konto .... .

Sollten Sie die Rechnung bereits überwiesen haben, teilen Sie uns dies bitte kurz mit.

Es grüßt Sie freundlich

z.B.

Beispiel Mahnung:

Sehr geehrte/r .....,

wir haben für Sie eine Leistung erbracht, die Sie bisher noch nicht bezahlt haben. Unsere Rechnung Nr. .... vom .... ist leider immer noch nicht von Ihnen beglichen. Sie sind seit .... Tagen in Verzug. Bitte zahlen Sie den Rechnungsbetrag in Höhe von .... Euro + die entstandenen Mahnkosten in Höhe von .... Euro, also ..... Euro gesamt bis zum .... an uns.

Sollten wir den Zahlungseingang bis zum ... nicht feststellen, werden wir das gerichtliche Mahnverfahren einleiten und Anzeige erstatten.

Hochachtungsvoll

Beim Forderungseinzug kann Ihnen auch professionell geholfen werden. Eine Möglichkeit ist der anwaltliche Forderungseinzug. Hier übernimmt ein Anwalt für Sie das Mahnwesen, inklusive des gerichtlichen Mahnverfahrens. Auch verschiedene Kammern oder private Inkassounternehmen übernehmen für Sie den Forderungseinzug.

Tipp Außenstände können durch das so genannte Factoring auch verkauft werden. Beim Factoring tritt ein Unternehmen seine Außenstände an ein anderes Unternehmen ab. Das Factoring-Unternehmen muss dann beim Schuldner das Geld eintreiben. Möglich ist dies aber erst ab einer bestimmten Summe. Natürlich lässt sich das Factoring-Unternehmen diese Leistung und das Risiko auch bezahlen.

Zusammenfassung: Geld ist wichtig und schwer zu verdienen. Deshalb muss das Thema Finanzen Chefsache sein. Von Anfang an müssen die Investitionen realistisch geplant werden. Rentabilitätsvorschau, Investitionsbedarf, Kalkulation schützen Sie vor einem bösen Erwachen. Bei aller Euphorie bleiben Sie gerade bei der Ertragskraft Ihres Unternehmens zurückhaltend. Lieber weniger Gewinn geplant und mehr erhalten, als umgekehrt. Künftig werden aber nicht nur Ihre Zahlen bei der Kreditvergabe gemessen. Die Bank macht sich ein Bild vom ganzen Unternehmen, seinen Perspektiven und die seiner Branche. Auch das Forderungsmanagement wird beleuchtet. Eine Leistung wird erst dann zum Wert, wenn Sie bezahlt ist.

Alles im Griff

Stimmt der Weg? Controlling

Controlling stellte sich in vielen Fällen so dar: Der Unternehmer hat in den Rückspiegel (Bilanz, Betriebswirtschaftliche Auswertung – BWA) seines Fahrzeuges (Unternehmens) geschaut, die Frontscheibe war verhängt (Zukunftsplanung) und dann hat er Vollgas nach vorne gegeben. Würden Sie dies mit Ihrem Auto machen? Sicherlich nicht. Warum machen Sie es dann in Ihrem Unternehmen? Bis vor wenigen Jahren war es sogar so, dass die Hausbank auf dem Beifahrersitz – um weiter beim Auto-Bild zu bleiben – saß, ebenfalls in den Rückspiegel sah und Sie noch anfeuerte, in eine ungewisse Zukunft zu fahren. Viel zu selten hat man sich mit realistischer Zukunftsplanung auseinander gesetzt.

! Fakten und Daten der Vergangenheit sind wichtig. Sie zeigen Leistungen auf und können durch eine entsprechende Analyse Fehler und richtige Schritte der Vergangenheit erkennen lassen. Aus Fakten und Daten der Vergangenheit sollte man lernen. Sie müssen mit erkennbaren Entwicklungen in einer Zukunftsplanung zusammenfließen.

Controlling heute muss jedoch viel weiter gehen. Controlling muss ein Soll-Ist-Vergleich sein. Während die Ist-Zahlen alleine schon aus steuerlichen Gründen ermittelt werden, ermittelt man Soll-Zahlen eher selten. Doch wie will man lenken, wenn man nicht weiß wohin? Die Erstellung von Soll-Zahlen, wie es etwa in einer Rentabilitätsvorschau geschieht, ist die Grundlage für ein sinnvolles Controlling.

z.B. Viele Unternehmensprobleme entstehen durch mangelndes Controlling. Immer mehr Betriebe haben zum Beispiel Schwierigkeiten, eine kontinuierliche Auslastung zu erreichen. Ein anderes Problem ist die Zahlungsmoral der Kunden und die damit verbundene Liquidität des Betriebes. Beides kann rechtzeitig gesteuert werden.

Die Auslastung können Sie planen und Schwankungen nach unten durch besondere Aktionen wettmachen. Die Liquidität lässt sich durch eine Gegenüberstellung von Zahlungsverpflichtungen und Zahlungseingängen sichtbar machen. Bei größeren Zahlungsverpflichtungen als Zahlungseingängen in einem Monat können Sie noch rechtzeitig handeln und zum Beispiel kurzfristige Zahlungsverlängerungen vereinbaren.

Controlling kann in drei Schritten umgesetzt werden. Im ersten Schritt muss Ihnen das Unternehmensziel klar sein. Sie müssen wissen, was Sie wollen. Hier werden auch Ihre Soll-Daten ermittelt. Im zweiten Schritt heißt es dann, die Zielsetzung mit der Realität zu vergleichen. Fachleute sprechen hier vom Soll-Ist-Vergleich, wobei auch die Abweichungen analysiert werden. Damit ist das Controlling noch nicht zu Ende. Vielmehr werden jetzt im dritten Schritt noch Maßnahmen zur Gegensteuerung gefunden und umgesetzt.
Wesentlicher Baustein ist dabei die Kostenrechnung, die Teil des Rechnungswesens Ihres Unternehmens ist. Die Daten werden größtenteils aus der Buchhaltung entnommen. Die Aufgabe der Kostenrechnung ist es, die Kosten zu erfassen, die notwendig sind, um ein Produkt herzustellen oder eine Dienstleistung zu erbringen. Die konkrete Aufgabe des Controllings ist es aufzuzeigen, ob die Umsatzerlöse die Kosten decken.
Im Zusammenhang mit der Kostenrechnung müssen Sie sich folgende Fragen stellen:

- ❑ Welches sind die wesentlichen Kostentreiber in meinem Unternehmen? Hier können die größten Einsparpotenziale erzielt werden.
- ❑ Wie lassen sich Fix- und Gemeinkosten reduzieren? Diese Kosten entstehen unabhängig vom Umsatz.
- ❑ Wie lassen sich Fix- und Gemeinkosten transparent darstellen? Nur so können diese überhaupt zu ihrer Notwendigkeit eingeordnet werden.
- ❑ Wie kann neue Technik sinnvoll eingesetzt werden, um Kosten zu senken?
- ❑ Welche Mitarbeiter tragen zur Produktivitätssteigerung bei? Hinterfragen Sie auch, warum es andere nicht tun?
- ❑ Szenario-Berechnungen: Wie würden sich zusätzliche Aufträge/weniger Aufträge auswirken? Was würden Kapazitätserweiterungen/-senkungen bringen? Können bestimmte Tätigkeiten woanders (Verlagerung, Auslagerung) besser und kostengünstiger erbracht werden?

Tipp

Neben diesen Zahlen aus der Kostenrechnung müssen im Controlling aber auch andere Faktoren berücksichtigt werden, nämlich der Markt, also Kunden und Wettbewerber. Hier ist wieder der Blick über den Tellerrand gefragt.

Controlling in der Praxis zu betreiben, heißt ständig mit wachen Augen durch das Unternehmen zu gehen. Dann können Sie auch das Ihnen zur Verfügung gestellte Zahlenmaterial besser auswerten und interpretieren. Sie können gegensteuern, aber auch Prognosen für die Zukunft erstellen. Controlling ist also eine immer währende Tätigkeit im Unternehmen.

Organisation satt Chaos

Selbst ein Kleinstbetrieb muss organisiert werden. Organisieren heißt Abläufe strukturieren und systematisieren. Erfolg stellt sich dann ein, wenn eine Arbeit mit System gemacht wird. Geschieht dies nicht, dann wird Zeit und Geld, also Energie verschwendet.

!

Organisation beginnt bei mir selbst. Wenn ich meine Aufgaben gut organisiere, dann strahlt dies auf andere aus.

Organisieren Sie für sich und Ihre Mitarbeiter:
Planen Sie Ihren Arbeitsablauf: Gut geplant ist schon halb umgesetzt. Wer weiß, was zu tun ist, der kann gleich anpacken.

z.B.

Das Team in der Werkstatt einer Schreinerei setzt sich bei Arbeitsschluss noch für 10 Minuten zusammen, um den zurückliegenden Arbeitstag zu besprechen. Gleichzeitig werden die Arbeiten für den nächsten Tag aufgezählt und an jeden Mitarbeiter schriftlich verteilt.

Genügend Zeit: Obwohl Zeit auch Geld ist, kann ein übervoller Arbeitsplan noch mehr Geld kosten. Dies motiviert überhaupt nicht und bremst eher.

! Verplanen Sie nur 75 bis 80 Prozent der Ihnen und Ihren Mitarbeitern zur Verfügung stehenden Zeit. Die restliche Zeit sehen Sie als Puffer an. Wenn Sie dann mehr schaffen als gedacht, sind Sie zufriedener.

Entsprechende Arbeitsmittel: Nur mit bestem Werkzeug können beste Leistungen erbracht werden.

z.B. Die Fahrer einer Bäckerei dürfen sich bei Neuanschaffungen ihre Fahrzeuge von drei verschiedenen Herstellern aussuchen. Logisches Argument des Chefs: »Die sitzen den ganzen Tag dort drin und müssen damit zurechtkommen.«

Ein entsprechendes Umfeld: Denken Sie hier immer an die Grundbedürfnisse, die jeder Mensch hat. Diese müssen erfüllt sein, wenn er Leistung bringen soll.

! Setzen Sie regelmäßige Pausenzeiten fest. Die Erholungsphase ist in den ersten 10 Minuten am größten. Also lieber mehrere kleine Pausen als eine lange Mittagspause.

Organisieren heißt auch, durchdacht zu arbeiten. Sie müssen aber das Rad nicht jedes Mal neu erfinden. Haben Sie einmal einen Arbeitsablauf dokumentiert, kann er beim nächsten Mal schon leichter umgesetzt werden. Hier helfen entsprechende Checklisten. Diese sollten die betroffenen Mitarbeiter selber erstellen. Sie können Arbeitsmittel wie Vorlagen zur Verfügung stellen.

Tipp Dokumentierte Arbeitsabläufe sind der erste Schritt hin zu einer ISO-Zertifizierung. Hier sparen Sie wertvolle Zeit und natürlich auch Geld, wenn Sie schon vorab entsprechende Arbeitsplatzbeschreibungen, Ablaufpläne und Checklisten erstellt haben.

Zusammenfassung: Als Unternehmer müssen Sie Ihren Betrieb im Griff haben. Mit Controlling schaffen Sie ein Steuerungsinstrument, um schon während der Fahrt des Schiffes namens Unternehmen den Kurs zu halten. Neben den Zahlen der Vergangenheit und Gegenwart gilt es aber auch, künftige Markt- und Wettbewerbsgeschehnisse im Blick zu behalten. Controlling heißt erkennen, analysieren und gegensteuern.

Eine entsprechende Organisation dient ebenfalls dazu, dass Sie in Ihrem Unternehmen alles im Griff haben. Organisieren beginnt bei der eigenen Person. Seien Sie Vorbild für eine gute Organisation und helfen Sie Ihren Mitarbeitern zu organisieren. Werkzeuge sind hier u. a. Checklisten und Ablaufpläne.

Ihre Mitarbeiter

Mitarbeiter suchen und auswählen

Menschen finden

Jedes Unternehmen bekommt die Mitarbeiter, die es verdient. Was logisch klingt, das ist auch so. Wenn Sie sich einmal über Mitarbeiter ärgern, fragen Sie sich doch, wer diese eingestellt hat. Waren das nicht Sie? Eines muss Ihnen vorab und immer klar sein: Wenn wir von Mitarbeitern sprechen, dann haben wir es mit Menschen zu tun.
Es gibt nicht den oder die Menschen. Es gibt Sie, Ihren Nachbarn, mich etc. Das heißt auch, dass wir kein Allheilmittel anwenden können, wenn es darum geht, die richtigen Mitarbeiter/Menschen zu finden.

Das sollte in eine Stellenausschreibung (kann auch eine Stellenanzeige sein):

- ❑ Was kann Ihr neuer Mitarbeiter?
- ❑ Welche Ziele verfolgt Ihr Unternehmen?
- ❑ Welche Aufgaben bekommt Ihr neuer Mitarbeiter?

! Je genauer die Stellenausschreibung präzisiert ist, desto eher finden Sie den passenden Mitarbeiter. Beachten Sie bitte auch, dass eine Stellenausschreibung Werbung ist. Sie werben um die besten Köpfe. Alleine schon die Form kann entscheiden, ob sich jemand angesprochen fühlt oder nicht.

Unser Team braucht Verstärkung. Leistungsgerechte Bezahlung
und ein interessanter Arbeitsplatz stehen für Sie bereit.

Kältemonteur

(gerne auch Meister)

Sie arbeiten im Service und Kundendienst eigenverantwortlich und kundenorientiert.
Zuverlässig und aufgeschlossen treten Sie auf.

Werden Sie also unser neues Teammitglied. Wir freuen uns auf Sie. Rufen Sie mich direkt an (07....../ ..... - Herr ....)

Kälteteam GmbH Hauptstraße 2 12345 Musterstadt

Grundlage für eine Stellenausschreibung ist eine Stellenbeschreibung. Sie müssen wissen, wen Sie suchen. Wenn ein Mitarbeiter gefunden werden soll, dann müssen Sie als Erstes Kriterien für die Auswahl aufstellen. Dies kann aufgrund einer Stellenbeschreibung erfolgen. Meist ist diese jedoch nicht einmal vorhanden, also muss sie erstellt werden.

Inhalte einer Stellenbeschreibung:

- ❑ Aufgaben des Stelleninhabers
- ❑ Konkret zu verrichtende Tätigkeiten
- ❑ Technische Hilfsmittel
- ❑ Befugnisse und Verantwortlichkeiten
- ❑ Wirkung/Nutzen der Stelle auf das Gesamtunternehmen

Tipp Ist die Stelle neu zu besetzen, erstellen Sie gemeinsam mit den anderen Mitarbeitern die Stellenbeschreibung. Diese wissen am besten, was zu tun ist und wo Bedarf besteht. So gibt es auch nach der Neueinstellung kein Gerangel um Kompetenzen.

Klar muss Ihnen dann auch sein, wo Sie die richtigen Bewerber finden und wie Sie diese ansprechen. Die Mehrzahl der Führungskräfte wird zum Beispiel nur durch eine Art Mund-zu-Mund-Propaganda vermittelt. Andere Bewerber finden Sie besser durch Stellenanzeigen in Fachzeitschriften.

Trotz Millionen von Arbeitslosen sind in manchen Branchen Mitarbeiter gesucht. Auf dem freien Stellenmarkt sind diese kaum zu finden. Bei der Abwerbung von Mitarbeitern sind rechtliche und auch ethische Grundsätze zu beachten.

Menschen auswählen

Wenn Sie einen Mitarbeiter einstellen, dann tun Sie dies, weil Sie zukünftig mit ihm etwas vorhaben. Er soll Sie darin unterstützen, Ihre Ziele zu erreichen. Und was tun Sie? Sie nehmen Zeugnisse von ihm zur Hand, die die Vergangenheit beurkunden. Sie lesen Referenzen, die von Menschen geschrieben sind, die Vorurteile im positiven und negativen Sinne haben. Dann stellen Sie einen Mitarbeiter für die Zukunft ein.

! Wenn Sie einen Mitarbeiter einstellen, dann fragen Sie nach seinen Zielen. Seine Taten aus der Vergangenheit (Zeugnisse, Referenzen) sind wichtig. Entscheiden müssen jedoch die Ziele und deren Glaubwürdigkeit. Diese können Sie wiederum mit Hilfe von Zeugnissen und Referenzen herausfinden.

Mitarbeiter, also Menschen müssen auch von Menschen ausgewählt werden. Es gibt sicherlich verschiedene gute schriftliche Tests. Diese können Sie als Hilfsmittel einsetzen. Am Ende entscheiden sollte jedoch der persönliche Eindruck.
Bewerbungsgespräch: Hier sitzen Sie mit dem Bewerber zusammen und fragen gegenseitige Ziele und Werte ab. Zum Bewerbungsgespräch werden nur Bewerber eingeladen, die einer vorherigen Auswahl

entsprechen. Diese kann aufgrund einer Sichtung der Bewerbungsunterlagen erfolgen.

Tipp Machen Sie sich eine Tagesordnung/einen Fahrplan für das Bewerbungsgespräch. Sie als Chef stellen erst offene Fragen an den Bewerber, bevor Sie Einblicke in Ihr Unternehmen geben.

Probearbeit: Hier bekommt der Bewerber die Möglichkeit sich in der Praxis – meist sogar vor möglichen späteren Kollegen – zu beweisen. Zur Probearbeit bitte nur eine sehr begrenzte Anzahl von Bewerbern einladen, weil sonst zu viel Unruhe in das Unternehmen kommt.
Die Probearbeit sollte im zu besetzenden Arbeitsbereich stattfinden. Sie sollte mehrere Tage umfassen und nach Anleitung beaufsichtigt als auch unbeaufsichtigt mit Zielkontrolle durchgeführt werden.

! Lassen Sie die Mitarbeiter mit entscheiden, wer eingestellt wird. Diese erkennen recht schnell, wer in das Team passt. Ein zweiter Spielführer kann ebenso viel kaputt machen wie ein dritter Fachmann.

Mitarbeiter auszuwählen, heißt auch Menschen zu enttäuschen. Es sollte zum guten Ton gehören, entsprechende Absageschreiben und/oder einen kurzen Anruf mit der Absage auf den Weg zu bringen. Ganz nebenbei sollten Sie beachten, dass auch Absagen Botschaften an die Öffentlichkeit darstellen. Der nicht zum Zug gekommene Bewerber kann schnell das Bild Ihres Unternehmens durch negative Propaganda zerstören.

Tipp Halten Sie sich auch abgesagte Bewerber »warm«. Möglich ist dies durch eine Bewerberdatei, auf die Sie bei neuerlichem Bedarf zurückgreifen können. Weisen Sie in den Absagen darauf hin, dass Sie den Bewerber weiterhin berücksichtigen.

Zusammenfassung: Wer Mitarbeiter sucht und einstellt, der wird es recht schnell mit Menschen zu tun bekommen. Menschen sind individuell und jeder für sich ganz einzigartig. Sie bekommen dann die richtigen Mitarbeiter, wenn Ihre beiden Ziele größtmöglich übereinstimmen. Die Mitarbeiterauswahl ist sicher Chefsache, doch müssen auch die Mitarbeiter einbezogen werden.

Führung mit Stil

Motivation als Schlüssel

Kann ich als Chef meine Mitarbeiter motivieren? Ein Raubtierdompteur im Zirkus kann seine Tiger und Löwen mit der Peitsche (er schlägt sie nicht!) und kräftigen Worten dazu bringen, dass Sie durch den Feuerreifen springen. Welcher Löwe oder Tiger würde jedoch dann immer noch durch den Reifen springen, wenn die Show aus ist und der Dompteur schon längst im Bett liegt?
Erkennen Sie vielleicht irgendwelche Vergleiche zu Ihrem Führungsstil oder zum Führungsstil, wie Sie geführt werden? Wir brauchen aber, um beim Zirkus zu bleiben, Löwen und Tiger, die auch dann noch mit Freude durch den Feuerreifen springen, wenn der Chef nicht hinter ihnen steht.
Übrigens ist das Beispiel mit dem Zirkus gar nicht so weit weg, wie Sie vielleicht denken könnten. Was unsere Kunden heute erwarten, ist in vielen Teilen reine Show. Wir verkaufen eine Geschichte mit Hilfe von Emotionen und Gefühlen. Die fachliche Seite, also die Qualität der erbrachten Leistung, muss natürlich auch stimmen.
Doch um dies auch leisten zu können, brauchen wir Mitarbeiter, die selbst dann noch mit am Strang ziehen, wenn wir nicht mehr da sind. Spätestens dann kommt jemand auf die Idee, nach der Motivation zu fragen.

z.B. Vorab muss natürlich die Frage gestellt werden, was Motivation eigentlich ist. Ist es schon Motivation, wenn Sie am Morgen aus dem Bett steigen, nur weil die Blase drückt? Ist es Motivation, wenn Sie sich toll anziehen, weil es die anderen auch machen?

Sie können in verschiedensten Fachbüchern Definitionen über Motivation nachlesen. Ich möchte sie so definieren: Motivation ist die Fähigkeit zu Handlungen, die auf Grundlage des eigenen Willens entstehen.
Jetzt stellt sich natürlich die Frage: Kann ich jemanden motivieren? Wenn Sie motivieren so verstehen, dass Sie einfach bei der entsprechenden Person einen Knopf drücken und dann ist diese motiviert, kann die Frage klar mit nein beantwortet werden. Motivieren können Sie keine anderen Personen. Sie können es ja oftmals nicht mal bei sich selbst!
Selbst Motivationstrainer und die, die sich dafür halten, können keine anderen Menschen motivieren. Was diese Menschen können, was aber auch Sie können, ist anderen Menschen Motive für ihre ganz eigene Motivation aufzeigen.

z.B. Geben Sie mir 10 Euro und ich wasche Ihr Auto! Was ist meine Motivation? Es ist das Geld. Sie haben mir Geld als Motiv vor die Augen gehalten. Ganz plastisch und auch ganz im Sinne des Motivbietens für die Motivation.
P.S. Sehen Sie dieses Angebot, dass ich Ihr Auto waschen würde, bitte nur als Beispiel! Mit 10 Euro können Sie mich nicht richtig motivieren.

An dem Beispiel oben erkennen Sie auch gleich das Problem. Sie können mich für 10 Euro nicht motivieren. Einen anderen können Sie für 10 Euro durchaus motivieren. Doch irgendwann können Sie ihn eben nicht mehr mit den 10 Euro motivieren.

> **!** Geld als Motiv für Motivation ist nur sehr beschränkt verwendbar. Damit kann nur kurzzeitig ein Motiv geboten werden. Langfristige und dauerhafte Motivation verlangt andere Motive.

Motivation heißt also, jemandem Motive bieten. Ich als Motivator kann Ihnen Motive aufzeigen und geben, die Sie akzeptieren und anerkennen, hinter denen Sie stehen und die Sie somit auch als erstrebenswert ansehen.

Bedürfnisse erkennen

Motive aufzeigen, die mein Gegenüber versteht und aufnimmt, kann ich nur, wenn ich seine Bedürfnisse kenne. Als Grundlage für das Erkennen von Bedürfnissen kann die Bedürfnistheorie des amerikanischen Psychologen Abraham H. Maslow (1908–1970) hilfreich sein. Maslow ging davon aus, dass der Mensch seine Persönlichkeit nur dann gesund entwickeln kann, wenn er psychische Kraft und Motivation aus der Befriedigung zentraler Bedürfnisse zieht.

Das wünschen sich Mitarbeiter:	**Das denken Führungskräfte, dass es sich Mitarbeiter wünschen**
1. Anerkennung für gute Arbeit	1. Gutes Einkommen
2. Genaue Kenntnis des Produktes und der Firmenzielsetzung	2. Gute Arbeitsbedingungen
3. Eingehen auf private Sorgen	3. Wohlergehen der Firma
4. Gutes Einkommen	4. Gesicherter Arbeitplatz
5. Interessante Arbeit	5. Interessante Arbeit
6. Gesicherter Arbeitsplatz	6. Loyalität zwischen Arbeitnehmern und Arbeitgebern
7. Wohlergehen der Firma	7. Höflichkeit der Führungskräfte

8. Loyalität zwischen Arbeitnehmern und Arbeitgebern	8. Eingehen auf private Sorgen
9. Gute Arbeitsbedingungen	9. Anerkennung für gut geleistete Arbeit
10. Höflichkeit der Führungskräfte	10. Genaue Kenntnis des Produktes und der Firmenzielsetzung

Erkennen Sie Unterschiede zwischen den Wünschen der Mitarbeiter und den Vorstellungen der Führungskräfte? Wie kann hier jemandem ein Motiv geboten werden? Die Untersuchung stammt im Übrigen von der Gesellschaft für betriebliche Weiterbildung, Berlin.
Die Erhaltung der Motivation – damit ist auch die Arbeitsmotivation gemeint – ist demnach ein wichtiger Baustein zur Erhaltung der Lebenskraft und Gesundheit. Dem Arbeitsplatz kommt dabei eine zentral Rolle zu, da wir die meiste Zeit unseres erwachsenen Lebens dort verbringen.

! Arbeit ist schwer, ist oft genug ein freudloses und mühseliges Stochern; aber nicht arbeiten – das ist die Hölle. *Thomas Mann*

Maslow benennt in seiner Theorie fünf für jeden Menschen immer wichtige Bedürfnisbereiche. Gleichwohl gibt er zu, dass nicht alle Bedürfnisse jedem Menschen gleichermaßen bewusst sind. Die Bedürfnisse werden in einer Art von Pyramide übereinander angeordnet. Wenn nämlich besonders vordringliche Bedürfnisse nicht befriedigt sind, können die anderen wichtigen Bedürfnisse in den Hintergrund treten.

z.B. Sie können noch so motivierte Mitarbeiter haben, trotzdem muss das Arbeitsumfeld stimmen. Sitzen die Mitarbeiter in einem Büro, das kalt und zugig ist, sind ihre Grundbedürfnisse (Wärme, Behaglichkeit) nicht vollkommen gedeckt. Es wird schwer die anderen Bedürfnisse bis hin zur Selbstverwirklichung zu befriedigen.

Die Bedürfnispyramide

1. Die *physiologischen Bedürfnisse*, also die natürlichen Bedürfnisse, die mit der Erhaltung des Menschen im Zusammenhang stehen.

z.B. Mitarbeiter können nicht immerzu arbeiten. Pausenzeiten und Zeiten für Ausgleich (Freizeit, Urlaub) müssen eingehalten werden.

2. Die *Sicherheitsbedürfnisse* nehmen mit der Schnelllebigkeit unserer Gesellschaft immer mehr zu. Wir wollen auch morgen noch abgesichert sein.

z.B. Wer ständig seinen Mitarbeitern direkt oder indirekt mit dem Rausschmiss droht, der rüttelt ganz stark am Sicherheitsbedürfnis dieser Menschen.

3. *Soziale Kontakte und Zugehörigkeit* braucht jedes soziale Wesen. Für sein Wohlbefinden benötigt der Mensch andere Menschen und ein Zugehörigkeitsgefühl zu Gemeinschaften.

z.B. Von anderen ausgegrenzte Mitarbeiter können (langfristig) keine Leistung bringen. Kurzfristig mag dies als Trotzreaktion möglich sein, allerdings werden die Quellen bald versiegen.

4. *Anerkennung* erwartet jeder, weil wir »Ich-Bedürfnisse« haben. Diese kommen vor allem dann zur Geltung, wenn andere Bedürfnisse (Geld, soziale Kontakte etc.) bereits befriedigt sind. In einer modernen Gesellschaft, die zum einen alles hat, zum anderen doch auch sehr anonym ist, ist dieses Bedürfnis besonders wichtig. Im Selbstwertgefühl sind wir von den Reaktionen anderer abhängig. Jeder von uns braucht Rückmeldung und Bestätigung.

z.B. Lob und sogar Kritik braucht jeder. Beides zeigt, dass wir von jemand anderem ernst genommen werden.

5. *Selbsterfüllung oder auch Selbstverwirklichung* stehen an der Spitze der maslowschen Pyramide. Gemeint ist hier, innerhalb und mit seiner Aufgabe aufzugehen. Viele denken, dass so etwas nur in der Freizeit möglich ist, doch das kann auch im Beruf geschehen. Selbsterfüllung heißt, der Aufgabe einen tiefen Sinn geben.

z.B. Viele Menschen träumen davon, ihr Hobby zum Beruf zu machen. Die wenigsten tun es und sind dann auch nicht glücklicher.

Doch was hat diese Bedürfnispyramide mit der Motivation von Mitarbeitern zu tun? Motivation heißt ja Motive bieten. Sie müssen wissen, auf welcher Stufe Ihr Mitarbeiter gegenwärtig steht. Dies kann innerhalb von Sekunden schwanken, Trends sind jedoch klar erkennbar. Nur wenn Sie auf der richtigen Stufe ein Motiv bieten, dann nimmt der Mitarbeiter dieses auch als Motivation auf und bewegt sich von innen heraus.

Gemeinsam Ziele erreichen

Es ist deshalb eine Kunst, Mitarbeitern Motive für den inneren Antrieb zu geben, weil diese mit den Unternehmenszielen in Einklang gebracht werden müssen. Welcher Eishockeyverein würde schon einen Eiskunstläufer als Stürmer einstellen? Hier ist von vornherein erkennbar, dass dessen Ziele (harmonisches Eislaufen zu Musik) nicht mit den Zielen des Eishockey-Sportes (Tore schießen bei ganzem Körpereinsatz) im Einklang gebracht werden können.

! Ihren Mitarbeitern muss von vornherein klar sein, welche Ziele Ihr Unternehmen verfolgt. Deshalb ist auch ein Leitbild unerlässlich.

Aufgabe von Führungspersönlichkeiten – zu denen sollte auch der Chef gehören – ist es, ständig zu prüfen, inwieweit Unternehmensleitbild und die persönliche Entwicklung der Mitarbeiter im Einklang stehen.
Wichtigstes Instrument hierzu ist das Mitarbeitergespräch. Dies kann immer wieder auf informeller Ebene, gerne auch zwischen Tür und Angel, stattfinden. Ein »Wie geht es Ihnen denn heute?« oder »Was haben Sie gegenwärtig für Freude an der Arbeit?« können Türöffner sein.

Tipp Mindestens einmal jährlich sollte jedoch ein förmliches Mitarbeitergespräch stattfinden. Hier muss vorab allen Beteiligten eine klare Tagesordnung bekannt sein. Dies baut die Hemmschwelle gerade bei den Mitarbeitern ab.

Ziel des Mitarbeitergespräches ist die Entwicklung des Mitarbeiters. Offen wird angesprochen, was gut und was weniger gut gelaufen ist. Offen werden die gegenseitigen Erwartungen aufgezeigt. Beide Seiten bekommen so ein Feedback über ihre Leistungen.

Das ist der Inhalt eines Mitarbeitergesprächs:

- ❑ Leistungen im zurückliegenden Zeitraum
- ❑ Bewertung der Leistung von beiden Seiten
- ❑ persönliche Ziele des Mitarbeiters
- ❑ Ziele des Unternehmens
- ❑ Entwicklung des Unternehmens

Die Ergebnisse eines Mitarbeitergespräches sollten dokumentiert werden. Beide Seiten bekommen je ein Exemplar. Sie dienen als Fahrplan für die weitere Tätigkeit und als Kontrollinstrument für das nächste Mitarbeitergespräch.

z.B. Die Verkäuferinnen und Verkäufer eines Einzelhandelsunternehmens werden jährlich im November zu Mitarbeitergesprächen eingeladen. Anwesend sind neben den jeweiligen Mitarbeitern die Filialleitung und die Personalleitung. Man bespricht die durch den Mitarbeiter getätigten Umsätze, aber auch die Leistungen im Verkauf (Beratung, Service, Reklamationsbearbeitung). Die Zielvorgaben für das nächste Jahr werden dann gemeinsam zwischen Filialleitung und allen dort beschäftigten Mitarbeitern vereinbart.

Zusammenfassung: Sie können Menschen nicht motivieren. Motivieren kann sich jeder nur ganz allein. Was Sie bieten können, sind Motive. Sie weisen mit Motiven/Bildern auf etwas hin. Hierbei sind die verschiedenen Bedürfnisse des Menschen zu beachten. Nur wenn wir auf der richtigen Ebene mit den richtigen Motiven ansprechen, können wir Motivation auslösen. Ziel des Unternehmers muss es sein, dass Unternehmen und Mitarbeiter die gleichen Motive für Ihre Arbeit haben. Mitarbeiter werden dann zu Mitunternehmern.

Mitarbeitern fördern und Fordern

Fördern kommt vor Fordern

Leistung kann der erbringen, der leisten kann. Deshalb bedarf die Förderung von Mitarbeitern höchsten Anstrengungen. Knackpunkt hierbei ist allerdings, dass wir als Erstes die Schwächen unserer Mitarbeiter erkennen. Wir sind dann sofort darauf fixiert, diese Schwächen auszumerzen, statt zu fragen, was er eigentlich kann.

z.B. Dass dies auch andersrum funktionieren kann, zeigt sich im Privatbereich. Verliebte können ohne nachzudenken aufzählen, was ihnen an ihrem Partner gefällt. Logisch, dass der Partner auch Schwächen hat, doch diese zählen erst einmal nicht.

Sie als Unternehmer sind also verpflichtet zu erkennen, wo die Stärken Ihres Mitarbeiters liegen. Die zweite ist es dann, die Aufgabe für ihn so zu gestalten, dass eine bestmögliche Deckung zwischen Können und Aufgabe entstehen kann. Der Grundsatz der Stärkenorientierung und Stärkennutzung kommt dann zum Tragen, wenn der Mitarbeiter dort eingesetzt wird, wo er bereits etwas kann.
Vorteil hierbei ist, dass Sie und Ihr Mitarbeiter sich eigentlich gar nicht um die Schwächen kümmern müssen. Hier wieder ein Beispiel aus dem Sport: Welcher Trainer würde auf die Idee kommen, einen 100-Meter-Läufer beim Marathonlauf anzumelden? Viele Vorgesetzte tun dies. Warum?
Wenn Sie auf die Stärken Ihrer Mitarbeiter setzen, dann brauchen Sie sich nie mehr um deren Schwächen zu kümmern. Diese interessieren Sie nicht, weil Sie nicht darauf aufbauen und aus ihnen nichts herausholen können. Ist es nicht so, dass man Schwächen nur mit sehr großem Aufwand oder gar nicht beseitigen kann?
Also setzen Sie auf die Stärken Ihrer Mitarbeiter. Dies ist zugegebenermaßen nicht einfach. Wir reden zwar alle von Anpassungsfähigkeit und Flexibilität, doch meinen wir hier immer vor allem den Mitarbeiter. Vom Mitarbeiter wird erwartet und verlangt, dass er sich ändert. Warum nicht von der Organisation?

Tipp Sie haben nie mehr ein Motivationsproblem, wenn Sie die Mitarbeiter das machen lassen, was sie gut können. Wer etwas gut kann, der macht es in der Regel auch gerne. Auch hier gilt: Ausnahmen bestätigen die Regel.

Es wäre allerdings naiv, wenn man die Schwächen komplett außen vor lässt. Schwächen muss man kennen, jedoch nicht um sie zu beseitigen. Man muss ihnen aus einem ganz anderen Grund auf die Schliche kommen: um nicht den Fehler zu begehen, Menschen dort einzusetzen, wo ihre Schwächen liegen. Die Orientierung an Stärken bedeutet also nicht, unrealistisch, naiv und idealistisch zu sein.

!

Fördern Sie die Stärken Ihrer Mitarbeiter. Setzen Sie Ihre Mitarbeiter ihren Stärken entsprechend ein. Behalten Sie deren Schwächen im Auge.

Sie dürfen auch fordern

Umgekehrt heißt es also, dass Sie fordern dürfen, wenn Sie fördern. Fordern bedeutet Leistung abzuverlangen. Wie bereits gesagt: Leistung, die verkauft wird, wird zum Wert. Dies müssen Sie und Ihre Mitarbeiter wissen. Eine Leistung ist dann anzuerkennen, wenn der Kunde diese anerkennt.

z. B.

Es nützt nichts, wenn ein Mitarbeiter auf eine Leistung stolz ist, für die er vier Stunden gebraucht hat, wenn der Kunde nur zwei Stunden bezahlt, weil ihm die Leistung nur soviel wert ist.

Natürlich muss nachgefragt werden, warum der Mitarbeiter so lange dazu gebraucht hat. Denken Sie an einen Läufer: Er bringt eine gute Leistung, wenn er körperlich fit und trainiert ist, wenn seine Ausrüstung stimmt, wenn das Wetter mitspielt und wenn er weiß, in welchem Zeitrahmen er seine Leistung erbringen will.
Genau dieselben Voraussetzungen müssen erfüllt sein, wenn Ihre Mitarbeiter gute Leistungen erbringen sollen. Sie müssen entsprechend ausgebildet sein, sie brauchen das richtige Handwerkszeug und eine entsprechende Arbeitsumgebung und sie müssen wissen, was von ihnen verlangt wird.

!

Sie dürfen Leistung fordern, wenn

- ❑ Ihre Mitarbeiter die Fähigkeiten dazu haben,
- ❑ Sie die richtigen Hilfsmittel zur Verfügung stellen,
- ❑ eine entsprechende Arbeitsatmosphäre geschaffen ist,
- ❑ klare und realistische Zielvorgaben vorhanden sind.

Nur wenn Sie diese Voraussetzung erfüllt haben, dürfen Sie Leistung fordern und auch nicht erbrachte Leistungen kritisieren. Prüfen Sie selbstkritisch, ob dies immer der Fall war, als Sie Mitarbeiter kritisiert haben.

»Sei froh, dass du eine Arbeit hast.« Mit diesem Argument zu fordern, kann nur Schaden verursachen. Fordern Sie Ihre Mitarbeiter mit positiver Botschaft: »Wir brauchen dich!«

Fordern heißt, klare, erreichbare und genau definierte Zielvorgaben zu setzen. Diese sind vorher eindeutig darzustellen. Es muss auch erklärt werden, warum diese Ziele erreicht werden müssen bzw. es muss vom Unternehmensziel her ableitbar sein. Natürlich sind auch die Konsequenzen darzustellen, wenn das Ziel erreicht wird oder was passiert, wenn das Ziel nicht erreicht wird.
Fordern Sie ganz gezielt das Wissen und die Erfahrungen Ihrer Mitarbeiter heraus. Fragen Sie deren Ideen und Meinungen ab, zum Beispiel mit einem Ideenblatt. Manche Betriebe fördern das Vorschlagswesen auch finanziell. Ich rate davon ab! Die Mitarbeiter werden für ihre Leistungen schon entlohnt. Ihnen wird Gehalt gezahlt. Da müsste es selbstverständlich sein, dass Ideen und Eigeninitiative eingebracht werden.
Da es aber – leider – nicht immer und überall so ist, sollten Sie das Vorschlagswesen fördern. Verlosen Sie zum Beispiel unter allen eingereichten Ideenblättern einmal im Jahr einen schönen, gerne auch außergewöhnlichen Sachpreis! Dies trägt zur Mitarbeitermotivation bei.

Zusammenfassung: Mitarbeiter zu fördern bedeutet, ihre Stärken zu erkennen und diese auszubauen. Deshalb werden Mitarbeiter ihren Stärken entsprechend eingesetzt. Die Organisation ist hieran auszurichten. Mitarbeiter haben aber auch das Recht gefordert zu werden. Sie wollen zeigen, was sie können. Sie als Unternehmer haben die Voraussetzungen dafür zu schaffen.

IDEENBLATT

So sieht die Sache jetzt aus:

Mein Verbesserungsvorschlag:

Die Veränderung bringt eine Verbesserung in den Bereichen:
(auch Mehrfachnennungen möglich)
Qualitätsverbesserung ☐
Zeit- / Kostenersparnis
Arbeitsplatzsituation
Umweltfreundlichkeit
Sonstiges

Ich schätze die Kosten der Veränderung auf ________ Euro

Mein Verbesserungsvorschlag kann umgesetzt werden von mir und

____

____

____

Name: ________________________

Erstellt am: ________________________

Für die Unternehmensleitung:
Geprüft durch ____________________ am.

Wird umgesetzt: Auftrag zur Umsetzung am _________ erteilt an ____________

Wird nicht umgesetzt, weil ______________________________________

Selber ausbilden

Ausbilden als Chance

Welcher Betreiber eines Delphinariums würde auf die Idee kommen, auf das Meer hinauszufahren, einen Ring über das Wasser zu halten und die Delphine mitzunehmen, die am besten durchspringen? Sie erkennen sofort, dass diese eine verrückte Idee ist. Die Wahrscheinlichkeit, auf diese Weise die besten Delphine für Ihre Show zu bekommen wäre relativ gering.
Doch wie sieht es aus, wenn Sie Mitarbeiter suchen? Fahren Sie dann nicht auch auf das Meer (Arbeitsmarkt) und lassen die Delphine (Bewerber) durch den Ring (Vorstellungsgespräch) springen? Ob Sie tatsächlich die Besten bekommen, ist zu bezweifeln. In manchen Fällen wird das Meer sogar schon abgefischt sein und Sie gehen leer aus.
Die Lösung heißt: selber ausbilden. Über die rechtlichen Voraussetzungen und die Berufsbilder, in denen Sie ausbilden dürfen, informieren Sie sich bitte bei Ihrer zuständigen Kammer (Handwerkskammer, IHK etc.). Hier bekommen Sie auch Informationen über den Ausbildungsplan. Er hält fest, welche Tätigkeiten und welches Wissen wann an den Auszubildenden zu vermitteln ist.

Tipp Holen Sie sich umfassende Informationen, bevor Sie die Ausbildung beginnen. Informieren Sie sich auch über die Möglichkeiten von Fördermaßnahmen durch die öffentliche Hand wie Arbeitsagentur sowie Bund, Länder und Kommunen.

Dies sollten Sie prüfen, wenn Sie ausbilden wollen:

- ❑ Welcher Bedarf an Fachkräften stellt sich gegenwärtig und künftig für unseren Betrieb dar?
- ❑ Stimmen die fachlichen Voraussetzungen? Können die im Ausbildungsplan festgehaltenen Tätigkeiten bei uns vermittelt werden?

- ❑ Haben wir Ausbilder, die fachlich, didaktisch und menschlich geeignet sind?
- ❑ Ist es finanziell für das Unternehmen tragbar? Ein Auszubildender kostet erst einmal Geld und Zeit.

Die richtigen Auszubildenden bekommen

Das Thema Mitarbeitersuche wurde bereits erläutert. Ich könnte jetzt einfach auf diesen Punkt verweisen. Doch gerade bei der Einstellung von Auszubildenden darf und soll man es sich nicht so leicht machen. Wenn Sie einen Auszubildenden einstellen, müssen Sie wissen,

- ❑ dass es für diesen in der Regel die erste berufliche Tätigkeit ist,
- ❑ dass es sich meist um einen jungen Menschen handelt, der noch mitten in der Entwicklung steckt,
- ❑ dass das bisherige Leben dieses Menschen von ganz anderen Eckpunkten (Schule, gleichaltrige Freunde) geprägt war und ist.

Deshalb muss die Suche und die Einstellung von Auszubildenden zum Teil nach anderen, auch strengeren Kriterien erfolgen.

Bewerber finden: Hierzu müssen Sie die künftigen Auszubildenden dort abholen, wo sie gerade sind. Teilen Sie mit, dass Sie ausbilden. Gerade im Bereich der Ausbildung ist es wichtig, dass die Öffentlichkeit von Ihren Anstrengungen weiß. Zum einen können Sie so auf Initiativbewerbungen hoffen, zum anderen wird hier Ihr Bild positiv beeinflusst.

z.B.

Werben Sie damit, dass Sie ausbilden:

- ❑ Aufkleber am Ladenlokal und Fahrzeugen;
- ❑ Eine entsprechende Seite auf Ihrer Homepage;
- ❑ Wenden Sie sich an die Presse (redaktioneller Teil). Das kommt gerade jetzt an, wo wenig ausgebildet wird. Stellen Sie Ihre Bemühungen, aber auch Ihre Probleme dar. Zeigen Sie Lösungswege, das vermittelt Kompetenz auch in anderen Bereichen.
- ❑ Beteiligen Sie sich an Ausbildungsmessen und ähnlichen Veranstaltungen, halten Sie Vorträge in Schulen, bringen Sie sich in Arbeitskreise wie »Schule & Wirtschaft« ein.

Bewerber auswählen: Freuen Sie sich, dass Sie hoffentlich die Qual haben, weil Sie die Wahl haben. Bitte nicht dem erstbesten Bewerber sofort eine Zusage geben. Prüfen Sie, ob Bewerber und Betrieb (auch Sie!) zusammenpassen.
Treffen Sie eine Vorauswahl anhand eines von Ihnen aufgestellten Kriterienkataloges. Hierin können Sie festhalten, was wie gewertet wird. Feste Teile dieses Kriterienkataloges sollten sein:

- ❑ Zeugnisse der letzten zwei Jahre: Hier können Sie die Entwicklung erkennen.
- ❑ Art der Bewerbung: Form, inhaltliche Aufmachung, fachliche Richtigkeit. Hat sich der Bewerber mit Ihrem Betrieb und den gewünschten Ausbildungsberuf auseinander gesetzt?
- ❑ Lebenslauf.

!

Ein Zeugnis ist genau wie eine Bilanz vergangenheitsbezogen. Es sagt nur beschränkt – oft auch zwischen den Zeilen – etwas über die Leistungsfähigkeit des Bewerbers aus.

Die nach Ihren Kriterien ausgesuchten Bewerber sollten dann zum Vorstellungsgespräch eingeladen werden. Auch hier gilt, dass ein persönliches Bild mehr sagt als viele Schreiben. Hören Sie hier nicht nur auf rein sachliche Argumente, sondern bewusst auch auf Ihren Bauch. Was hindert Sie, eine Entscheidung emotional zu treffen, zumal diese ja noch nicht endgültig ist? Ein Vorstellungsgespräch kann, muss aber nicht mit einem Bewerbungstest verbunden werden.

Tipp Von Kammern oder auch freien Beratern gibt es verschiedene Bewerbungstests, die Sie nutzen können. Beachten Sie jedoch: Sie stellen jemanden ein, der eine Ausbildung machen, also etwas lernen will. Sein Wissen kann noch nicht ausgereift sein, muss jedoch auf Grundlagen aufbauen. Also sollte vor allem Allgemeinbildung abgefragt werden.

Wesentlich mehr Rückschlüsse über Ihren künftigen Auszubildenden können Sie ziehen, wenn der Bewerber für ein Praktikum zu Ihnen kommt. In vielen Schultypen ist ein Praktikum Teil des Lehrplanes. Sie können jedoch auch Schüler für ein darüber hinausgehendes Praktikum während der Ferien einladen.
Bei einem Praktikum erkennen Sie:

- ❏ die fachliche Eignung des Bewerbers,
- ❏ seine Motivation und Ausdauer,
- ❏ seine emotionale Intelligenz sowie seinen Teamgeist,
- ❏ das Verhältnis zwischen Bewerber und anderen Mitarbeitern.

Tipp Lassen Sie Ihre Mitarbeiter nach einem Praktikum mitentscheiden, ob der Bewerber eingestellt wird oder nicht. Die Mitarbeiter sind es wahrscheinlich, die sowohl während des Praktikums, als auch während einer späteren Ausbildung die meiste Zeit mit den jungen Menschen verbringen. Ihre Leute merken sehr schnell, ob jemand ins Team passt oder nicht.

Bewerber einstellen: Haben Sie dann den richtigen Bewerber oder die richtige Bewerberin gefunden, müssen Fakten geschaffen werden. Zunächst geht es um den Ausbildungsvertrag, der vor Beginn der Ausbildung abzuschließen ist. Auch hier gilt es einige Formalitäten zusätzlich zu beachten, wie etwa die Jugendschutzuntersuchung. Ein Ausbildungsvertrag ist nur in der Schriftform gültig.

Mit dem ersten Ausbildungstag beginnt dann für Ihren »Stift« ein neuer Lebensabschnitt. Machen Sie ihm den Start so einfach wie möglich. Ein guter Start ist die beste Voraussetzung, um an das gewünschte Ziel zu kommen.

z.B.

So könnte der erste Arbeitstag aussehen:

- ❑ Begrüßung im Betrieb durch alle Mitarbeiter bzw. durch die Mitarbeiter der Abteilung,
- ❑ Vorstellung der Ausbilder,
- ❑ Abklärung von Formalitäten wie Berufskleidung, Parkplatz, Pausenzeiten etc.
- ❑ Information über die Ausbildung und den Betrieb (mit Rundgang),
- ❑ Planung der ersten Ausbildungswoche.

Wichtig ist, dass der Auszubildende immer Ansprechpartner hat. Probleme entstehen nur durch Unklarheiten. Geben Sie Ihrem neuen Auszubildenden doch zwei Ansprechpartner: einen Ausbilder bzw. eine Fachkraft, die vom Ausbilder beauftragt wurde und einen Auszubildenden, der schon länger im Betrieb ist. Diese beiden können als Paten für den Neuen fungieren. So können auftretende Fragen, die es sicher geben wird, schnell und unkompliziert gelöst werden.

Arbeitsunterweisung für besten Lernerfolg

Ausbildung heißt Vermittlung von Wissen und Fertigkeiten. Im praktischen Bereich der Ausbildung erfolgt dies unter anderem durch die Arbeitsunterweisung. Ein Auszubildender lernt zwar auch durch »Abschauen«, doch kann dies nicht die einzige Methode sein. Deshalb sollten in der Ausbildung regelmäßige Arbeitsunterweisungen vorkommen. Hier werden Wissen und Fertigkeiten gezielt vermittelt und mögliche Fehler von vornherein ausgeschaltet. Insbesondere Letzteres kann beim »Abschauen« nicht immer vermieden werden.

z.B. Praktische Arbeiten, die durch eine Arbeitsunterweisung vermittelt werden können, gibt es nicht nur im handwerklichen Bereich. Gerade auch der kaufmännische Sektor hat viele Tätigkeiten, die durch praktisches Handeln umgesetzt werden müssen. Ein Beispiel ist die Ablage von Lieferscheinen. Diese konkrete Tätigkeit kann dem Auszubildenden in Form einer Arbeitsunterweisung gezeigt werden.

Bei einer praktischen Arbeitsunterweisung geht es um die möglichst schnelle und sichere Beherrschung von Handgriffen, Bewegungsabläufen und Techniken. Hier hat sich die Vier-Stufen-Methode herausentwickelt. Sie wurde für das rasche Anlernen von Mitarbeitern entwickelt und ist eine Form des Imitationslernens, das heißt der Mitarbeiter »klaut« mit den Augen.

! Vorteile der Vier-Stufen-Methode sind u. a. die Einfachheit und Verständlichkeit, die Arbeitsplatznähe und die leichte Übertragbarkeit des Gelernten auf ähnliche Situationen sowie die sofortige Erfolgskontrolle. Möglich ist dies durch die Einteilung des Übungsvorhabens in überschaubare Lernschritte bzw. Lernstufen.

1. Stufe: Vorbereitung der Arbeitsunterweisung
Die Atmosphäre ist entscheidend für den Lernerfolg. Sie wissen selbst: Wenn um einen herum alles laut ist, kann man kaum einen klaren Gedanken fassen. Mit einer entsprechenden Lernatmosphäre ist aber auch gemeint, dass das Klima zwischen Ausbilder und Lehrling stimmen muss.
Durch ein so genanntes Kontaktgespräch soll dem Mitarbeiter die Befangenheit genommen und Vertrauen aufgebaut werden. Nur wenn sich beide Seiten auf derselben Kommunikationsstufe befinden, kann auch miteinander kommuniziert werden. Jede Unsicherheit und Be-

fangenheit würde die Aufnahmefähigkeit des Lehrlings blockieren und den Lernerfolg von Anfang an in Frage stellen.
Dies gilt übrigens auch für den Ausbilder. Wenn sich dieser nicht sprichwörtlich auf die Arbeitsunterweisung einstellt, dann kann er noch so ein guter Fachmann sein, er bringt es einfach »nicht rüber«. Das heißt beispielsweise auch, sich genügend Zeit zu nehmen und Störungen fern zu halten.

Tipp Innerhalb dieser ersten Stufe sollte es auch gelingen, den Auszubildenden für die Arbeitsunterweisung zu motivieren. Dies erfolgt grundsätzlich dadurch, dass ihm die Wichtigkeit der zu lernenden Tätigkeiten für seine Arbeit verdeutlicht wird. Der Lehrling muss wissen, warum und wofür die Tätigkeiten und Handgriffe gebraucht werden.

2. Stufe: Vormachen und erklären
Jetzt kann der Ausbilder den Inhalt der Arbeitsunterweisung vormachen. Vor der Durchführung muss sich der Ausbilder jedoch selbst darauf vorbereiten. Er sollte eine Arbeitszergliederung vornehmen, indem er sich folgende Fragen stellt: Was mache ich, wie mache ich es und warum mache ich es so und nicht anders?

! Dies muss er wissen, denn zum Vormachen gehört in der Arbeitsunterweisung auch das gleichzeitige Erklären. Jede Tätigkeit muss dem Lehrling nicht nur gezeigt, sondern auch erklärt werden.

Beim Vormachen sollten Sie als Ausbilder darauf achten, dass der Lehrling die Unterweisung nicht seitenverkehrt sieht. Dies wäre ein zusätzliches Hindernis bei der Wissensaufnahme. Beachten Sie auch die Geschwindigkeit des Vormachens. Als Profi arbeiten sie gewöhnlich schnell. Der Lehrling kann jedoch die Tätigkeiten und Handgriffe nicht in dieser Geschwindigkeit nachvollziehen.

3. Stufe: Nachmachen und erklären
Als Nächstes sollte dann der Auszubildende die Tätigkeiten selber ausführen, beispielsweise den Teig eigenständig tourieren. Der Ausbilder ist hier ständig dabei. Er gibt zunächst helfende Anweisungen. Zusätzliche Erklärungen würden den Lehrling nur verunsichern. Mehr und mehr überlässt der Ausbilder in dieser Phase dem Auszubildenden die Tätigkeiten.

! Jetzt muss der Auszubildende neben der Ausführung der Aufgabe auch erklären, was er macht, wie er es macht und warum er es so macht und nicht anders. Dieses Mitsprechen gibt beide Seiten eine bessere Kontrolle des Lernergebnisses. Der Lehrling weiß, warum er es so und nicht anders macht und der Ausbilder sieht und hört erste Lernerfolge und erkennt, ob der Lehrinhalt richtig aufgenommen wurde.

4. Stufe: Üben und Festigen des Gelernten
Nachdem bisher die richtige und sichere Ausführung der Arbeitstätigkeit im Mittelpunkt stand, geht es jetzt darum, die Fertigkeiten zu festigen. Durch ständige Wiederholung sollen sie dem Mitarbeiter in Fleisch und Blut übergehen.
Im Betrieb würde dies etwa heißen, dass der Lehrling die Tätigkeit alleine ausführt. Er sollte jedoch wissen, wer Ansprechpartner ist und wo der sich befindet, wenn er noch weitere Fragen hat bzw. unsicher ist.
Vergessen Sie nicht, den Auszubildenden auch zu loben – nicht erst, wenn er die Ziele der Arbeitsunterweisung erfüllt hat, sondern in allen Stufen der Unterweisung. Jeder richtige Schritt sollte positiv aufgenommen und bewertet werden. Dann wird auch die Ausbildung ein Erfolg.

Tipp Diese Vier-Stufen-Methode lässt sich natürlich nicht nur in der klassischen Ausbildung – also im Verhältnis Auszubildender und Ausbilder – einsetzten. Sie kann in allen Bereichen der praktischen Wissensvermittlung Eingang finden. Bitte beachten Sie jedoch immer folgende Punkte:

- ❑ Seien Sie als Ausbilder fachlich, didaktisch und praktisch vorbereitet.
- ❑ Sprechen Sie auf derselben Ebene wie der Auszubildende.
- ❑ Loben Sie bei Fortschritten auch im Teilbereich.

Wissen, gerade auch im praktischen Bereich, kann am einfachsten durch Handeln gefestigt werden. Übertragen Sie deshalb dem Auszubildenden Aufgaben, in denen er oder sie das neu erlangte Wissen einsetzen kann. So lassen sich die handwerklichen Abläufe festigten, Zusammenhänge werden erkannt und der Sinne und Zweck der Tätigkeit wird klar.

Zusammenfassung: Wer selber ausbildet, der schafft sich die Fachleute, die er morgen braucht. Wer ausbilden will, braucht aber fachliche, sachliche und didaktische Voraussetzungen sowie Zeit und Geld. Ausbildung kostet, sie ist jedoch auch eine Investition in die Zukunft. Bilden Sie zielorientiert aus, sowohl in personeller als auch in didaktischer Hinsicht.

Ihre Kunden

Erfolgsfaktor Kunde!

So definieren wir Kunde

Kunden sind das Wichtigste in unseren Unternehmen! Das muss allen klar sein. Das, was wir produzieren, ist für unsere Kunden. Geld verdienen wir nur, wenn Kunden bei uns einkaufen. Löhne sind kein Geld des Chefs, sondern die persönliche Wertschätzung der Kunden den Mitarbeitern gegenüber. Der Chef gibt als Mittler den Lohn vom Kunden zum Mitarbeiter weiter. Mehr Geld verdienen heißt auch, mehr leisten zu müssen. Würden Sie einfach mehr Geld geben, nur weil jemand mehr von Ihnen will?
Ob im Laden oder Internetversand – der Kunde entscheidet, ob ein Produkt oder eine Dienstleistung für ihn attraktiv ist. Jeder muss dies wissen.

z.B. Sie sind zwar der beste Hersteller von Walkmans. Doch Sie haben ein Problem. Denn die breite Masse der Kunden hat sich längst für den MP3-Player entschieden. Inzwischen gibt es sogar Handys mit Musikfunktion. Sie sehen an diesen und unzähligen anderen Beispielen, dass gute Produkte alleine nichts nützen. Sie müssen liefern, was die Kunden wollen. Nur wenn der Kunde im Mittelpunkt steht, haben Sie Erfolg.

Um die Bedeutung der Kunden jedem im Unternehmen klar zu machen, habe ich das Wort Kunde in einem Wortspiel aufgeschlüsselt. Jedem Buchstaben wurde eine Bedeutung zugemessen.

König Kunde

K önigliche Behandlung
U neingeschränkte Aufmerksamkeit
N ichts ist unmöglich
D ankbarkeit
E rfolg bringt nur er

Das K von KUNDE steht für »Königliche Behandlung«: Überlegen Sie einfach mal, was Sie alles tun würden, wenn ein Prominenter bei Ihnen anruft oder in Ihr Geschäft kommt. Komischerweise gehen wir mit diesen Prominenten anders um als mit unseren Nachbarn, die vielleicht jeden Tag bei uns einkaufen.

Der Kunde ist König. Aber die Monarchie ist abgeschafft! – Wer das sagt, der wird immer mehr Probleme bekommen.

Königliche Behandlung, das sind eigentlich ganz einfache Dinge. Im Ladengeschäft heißt das, dass wir den hereinkommenden Kunden begrüßen. Sind Sie gerade im Verkaufsgespräch mit einem anderen Kunden, dann reicht ein kurzer Gruß und ein Hinweis, dass man sich seiner gleich annimmt.

z.B. Sie kennen es! Man will im Lokal bezahlen und kein Kellner kommt. Ich fühle mich dann, als sei ich unsichtbar. Die Mitarbeiter nehmen uns als Kunden nicht wahr. Wobei man im Lokal nicht nur Kunde, sondern sogar Gast sein sollte!

Kunden königlich zu behandeln, kann auch in der Ausdrucksform dargestellt werden. Seit einer ausführlichen Mitarbeiterschulung nennen die Mitarbeiter einer Fleischerei den Kunden jetzt Gast. Das verdeutlicht, dass man seinen Kunden/Gästen eine ganz andere Wertschätzung entgegenbringt.
Königliche Behandlung kann so einfach sein. Spätestens wenn ein Kunde mit einer Karte bezahlt, wissen Sie seinen Namen. Sprechen Sie ihn bewusst mit seinem Namen an. Jeder hört seinen Namen gerne.

Tipp

Wenn ein Kunde anruft, schreiben Sie sich als Erstes seinen Namen auf. Wenn Sie den Namen nicht richtig verstanden haben, fragen Sie ruhig nach. Während des Telefonates können Sie dann den Kunden bewusst mit Namen ansprechen. Das ist gelebte Wertschätzung.

Das U von KUNDE steht für »Uneingeschränkte Aufmerksamkeit«:
Im Klartext heißt dies, dass der Kunde für uns immer im Mittelpunkt steht. Wie zeigt sich dies? Im Prinzip muss Ihr ganzes Unternehmen nur an einem Fixstern ausgerichtet sein und das ist der Kunde.

»Der Kunde steht bei uns im Mittelpunkt und damit allen im Weg.« Derartige Texte finden sich auf so manchen »Spaß Schildern«, die gerne im Betrieb aufgehängt werden. Wirklich nur Spaß? Wenn Sie dies jeden Tag lesen, dann glauben Sie es früher oder später.

Uneingeschränkte Aufmerksamkeit den Kunden gegenüber heißt, an allererster Stelle den Kunden ernst zu nehmen. Auch Kinder von Kunden gehören dazu. Die Kinder Ihrer heutigen Kunden sind Ihre Kunden von morgen.

z.B. In vielen Bäckereien gibt es vorne an der Theke einen »Naschkasten«. Dort dürfen sich Kinder etwas herausnehmen. Ein anderer Bäcker, dessen Spezialitäten Brezeln sind, verschenkt sogar »Minibrezeln« an die Kinder seiner Kunden. Wem es heute schmeckt, der kommt auch morgen.

Uneingeschränkte Aufmerksamkeit muss vor allem beim direkten Kundenkontakt zum Tragen kommen. In Spitzenhotels sind die Mitarbeiter im Etagenservice angewiesen, jegliche berufliche oder private Unterhaltung einzustellen, sobald ein Gast sichtbar ist.
Sprechen Sie mit Ihren Kunden, sollten Sie sich voll und ganz darauf konzentrieren. Gesprächsstörungen von außen sind zu vermeiden, das heißt ankommende Telefonate sind umzuleiten, anderen muss der Zutritt verwehrt werden. Hier hilft schon ein kleines Schild an der Tür – bitte mit entsprechendem Verkehrsstoppschild darstellen. Ihr Kunde weiß dies zu schätzen. Gerade in der heutigen schnelllebigen Zeit ist persönliche Zuneigung, wie man sie durch ein ungestörtes Gespräch erfahren kann, eine Seltenheit.

Tipp Aufmerksamkeit dem Kunden gegenüber können Sie auch zeigen, wenn Sie sich während des Gesprächs Notizen machen. Dies ist insbesondere auch bei Reklamationsgesprächen wichtig. Zum einen verdeutlichen Sie durch Ihr Mitschreiben, dass Sie die Meinung des Kunden ernst nehmen. Zum anderen haben Sie auch gleich die Daten für die weitere Bearbeitung.

Erstellen Sie sich ein Formblatt für das Kundengespräch:

- ❑ Name des Gesprächspartners und Position in der Firma des Kunden
- ❑ Telefondurchwahl bzw. Handynummer (Bitte fragen Sie nach, ob Sie im Zweifelsfall über Handy Kontakt aufnehmen dürfen)
- ❑ Datum und Ort des Gesprächs
- ❑ Grund des Gesprächs

- ❑ Anschließend setzen Sie ein Feld, in dem Sie Ihre Notizen festhalten können.
- ❑ Am Ende des Formblatts setzen Sie ein Feld, in dem die konkreten Beschlüsse und Maßnahmen notiert sind (To-do-Liste – wer macht was bis wann?).

Das N von KUNDE steht für »Nichts ist unmöglich«: Sie erinnern sich? Das war doch mal ein Werbeslogan eines Autobauers. Auf der Zufriedenheitsliste der Kunden steht dieses Unternehmen immer sehr weit oben. Warum können Sie dies nicht auch?

z.B.

Es gibt Sachen, die sind solange unmöglich, bis sie jemand das erste Mal schafft. Hundert Meter unter zehn Sekunden zu laufen, war aus sportmedizinischer Sicht lange Zeit undenkbar. Nachdem es der erste Mensch geschafft hatte, waren im selben Jahr noch weitere Läufer erfolgreich. Heute sind es über 50 Läufer, die unter 10 Sekunden gelaufen sind. Warum bieten nicht auch Sie einen neuen Service oder neuartige Produkte an?

Das D von KUNDE steht für »Dank«: Gemeint ist hier zum einen das Wort in seinen vielen Ausprägungen: Danke, Dankeschön, herzlichen Dank usw. Gemeint ist aber auch das damit verbundene Lächeln. Was sorgt für mehr gute Stimmung als freundliche Menschen?
Lächeln ist ganz einfach. Sie sparen sogar Energie dabei. Während Sie bei einem mürrischen Gesichtsausdruck über 20 Muskeln anspannen müssen, sind es beim Lächeln nur sieben. Durch das Anziehen der Mundwinkel signalisieren Sie Ihrem Gehirn, dass etwas Freudiges passiert. Glückshormone werden freigesetzt. Lächeln ist also für Sie und für Ihr Gegenüber gut.
Dank den Kunden gegenüber kann in vielen Kleinigkeiten ausgeprägt sein. Es ist möglich, den Kunden eine Freude zu machen. Sie müssen hierzu Ihren Kundenkreis natürlich kennen. Bei vielen hundert Kunden kann dies schwierig sein, ist aber dennoch möglich. Bei nur wenigen Kunden ist dies jedoch kein Problem.

z.B. Führen Sie eine Kundenkartei. Dies kann in handschriftlicher Form sein; zu empfehlen ist aber die computergestützte Form. Hier gibt es verschiedene spezielle Softwareprogramme zur Adress- und Kundenpflege. In anderen Programmen wie Branchensoftware sind oft entsprechende Leerfelder in der Kundenkartei. Hier können Sie Vorlieben des jeweiligen Kunden eintragen. So etwas bekommt man am Rande von geschäftlichen Gesprächen mit. Sie machen sich eine Notiz in Ihrer Kartei und können zum Beispiel zum Geburtstag ein passendes Geschenk übergeben.

Ich bin hier auf der Arbeit,
und nicht auf der Flucht.

FRAGEN Sie ruhig:

Einfache Fragen: 1,00 €
Schwere Fragen: 5,00 €

und weil es immer öfter vorkommt

Blöde Fragen: 20,00 €

Jeder Dritte der stört wird erschossen.
Zwei haben schon gestört.

... und was können wir für Sie tun ?

Eine Kundenkartei kann aber auch in Betrieben geführt werden, die mehrere hundert oder tausende von Kunden haben. Hier konzentriert man sich dann auf das Wesentliche. Dies ist zu allererst das Geburtsdatum. So können Sie zumindest eine Grußkarte zum Geburtstag schreiben. Auch dies ein Zeichen des Dankes.

> **!** Kundendaten sind für Ihr Unternehmen so wichtig, wie für Sie die Luft zum Atmen. Also müssen sie diese sorgfältig pflegen, aktuell halten und auch sichern.

Das E von KUNDE steh für »Erfolg bringt nur er«: Was einfach klingt, das müssen auch alle wissen. Den Kunden gegenüber ist jeder im Betrieb verantwortlich. Selbst die Putzfrau muss wissen, dass sie letztlich für die Kunden sauber macht.
Prüfen Sie doch einmal, wer oder was mit Ihren Kunden in Kontakt kommt. Es sind ebenso die Fahrzeuge und Werkzeuge wie der Briefumschlag oder das Rechnungsformular. Betrachten Sie Ihr Unternehmen regelmäßig aus der Perspektive des Kunden.

> **!** Lassen Sie Ihr Unternehmen mal von einem guten und ehrlichen Freund unter die Lupe nehmen. Im ersten Schritt bitten Sie ihn aufzuzeigen, wie er Ihr Unternehmen sieht. Im zweiten Schritt geben Sie ihm einen konkreten Auftrag. So kann er zum Beispiel als anonymer Tester bei Ihnen einkaufen oder eine Anfrage stellen. Sie werden Ihr Unternehmen aus einer ganz anderen Perspektive wahrnehmen.

Insbesondere bei Ladengeschäften und im Versandhandel hat sich der »Mysterie Man« bewährt. Hier werden die Geschäfte von anonymen Testern geprüft und nach bestimmten Kriterien untersucht. Ziel ist es, für die Auftraggeber die Scheuklappen zu öffnen und Betriebsblindheit vorzubeugen.
Hinweis: Aus Fairnessgründen sollten alle Mitarbeiter wissen, dass Sie als Unternehmer mit diesen Prüfmethoden arbeiten. Dies erhöht die Mitarbeitermotivation. Im Falle einer anonymen Prüfung und eventu-

ellen negativen Ergebnissen kann sich dann keiner so leicht herausreden.

Tipp Machen Sie aus diesem kleinen Wortspiel KUNDE ein Schild, auf dem alle Bedeutungen zu lesen sind. Dies platzieren Sie bei einem Ladengeschäft direkt an die Kasse, so dass es jeder Mitarbeiter sieht. Im Büro hängen Sie es direkt neben dem Telefon auf.

Kunden müssen wir uns erarbeiten. Tun Sie dies jede Woche. Setzen Sie sich am Ende der Arbeitswoche mit Ihren Mitarbeitern zusammen und blicken Sie auf die zurückliegende Woche. Wenn Sie als Unternehmer allein wirken, lassen Sie für sich die Woche Revue passieren.
Aus diesen Erfahrungen heraus verbinden Sie das Wort Kunde mit konkreten Maßnahmen für die nächste Woche. Schreiben Sie mit Großbuchstaben das Wort KUNDE von oben nach unten auf ein Blatt Papier. Hinter jeden Buchstaben notieren Sie dann eine konkrete Maßnahme, die Sie in der nächsten Woche im Hinblick auf die genannte Definition umsetzen wollen.

z.B. Sie begrüßen ganz bewusst jeden Kunden persönlich (königliche Behandlung). Sie setzen Ihre Kundentermine so, dass genügend Zeit für den Kunden bleibt (uneingeschränkte Aufmerksamkeit). Sie bearbeiten Reklamationen innerhalb von einer Stunde (nichts ist unmöglich). Sie schreiben Ihren A-Kunden einen kleinen Dankbrief mit einem persönlichen Geschenk. Auch wenn nicht Weihnachten ist (Dank). Sie machen Ihren B-Kunden ein individuelles Angebot, um Sie so zu A-Kunden zu machen (Erfolg bringt nur er).

Wenn Sie jede Woche fünf konkrete Maßnahmen umsetzen, dann gelangen sie raus aus der »Servicewüste Deutschland«. Sie werden sehen, wie schnell Sie unverwechselbar sind. Ihre Kunden werden Ihnen dies danken.

Der Kunde und die W-Frage

Wir sprechen ständig von Kunden oder von dem Kunden. Doch wer sind unsere Kunden? Wo sind unsere Kunden? Was wollen unsere Kunden? Wie treffen wir unsere Kunden? Warum sind dies unsere Kunden?
Nur wenn Sie diese Fragen lösen, können Sie überhaupt Marketing und Werbung machen. Erst wenn diese Fragen gelöst sind, können Sie überhaupt erfolgreich am Markt agieren und Geld verdienen.

! Sie können Produkte und Dienstleistungen anbieten. Verkaufen können Sie jedoch nur Nutzen für den Kunden. Werden Sie Nutzenbieter.

Dies ist keine neue und moderne Marketingweisheit, sondern eine ziemlich alte Erkenntnis. Der römische Philosoph Seneca (ca. 4 v. Chr. – 65 n.Chr.) hat dies etwa so ausgedrückt: »Jeder, der einem anderen nützt, nützt sich selbst.«

z.B. Bieten Sie als Gas- und Wasserinstallateur nicht Heizkessel und Heizkörper an. Dies kann jeder, auch der Baumarkt, und dies sogar meist billiger. Ihre ganz persönliche Chance besteht darin, dem Kunden einen Nutzen zu verkaufen. Wenn Ihr Name im Zusammenhang mit behaglicher Wärme genannt wird, die durch Ihren 24-Stunden-Service jederzeit verfügbar ist, dann sind Sie auf dem richtigen Weg. Sie verkaufen nicht über den Preis, sondern über Emotionen.
Möglich wird dies durch verschiedene Details, die bei Ihren Kunden positive Emotionen auslösen. Hier einige Vorschläge, die auch auf andere Branchen übertragbar sind:

- Eine 24-Stunden-Hotline, deren Nummer am Heizkessel angebracht ist. So kann der Kunde im Ernstfall direkt anrufen.

- Jeder Kundenanruf im Störungsfall wird innerhalb von 30 Minuten bearbeitet. Dies muss natürlich in der Werbung entsprechend dargestellt werden.
- Jeder Kunde hat einen festen Ansprechpartner, der persönlich für ihn da ist. Über diesen Ansprechpartner werden alle Fragen gelöst.
- Ihre Mitarbeiter haben Visitenkarten mit Bild. Diese geben sie beim ersten Besuch dem Kunden. Der hat nun nicht nur einen Namen, sondern ein Bild des Mitarbeiters vor Augen.
- Sie sind nicht nur im Auftragsfall für den Kunden da. Über regelmäßige Infos lassen Sie den Kunden am Betriebsgeschehen teilhaben (Kundenzeitschrift, Mailing-Aktionen).

Nutzenbieter für den Kunden

Wenn es also darum geht die W-Fragen im Zusammenhang mit den Kunden zu lösen, dann wenden Sie sich als Erstes folgender Frage zu: Welchen Nutzen biete ich? Davon ausgehend können Sie dann überlegen, wer diesen Nutzen kaufen möchte. Damit haben Sie Ihre Zielgruppe im Blick.

!

Fragen Sie also:

- Wer hat welchen konkreten Nutzen durch meine Produkte/Dienstleistungen?
- Kann und will diese Zielgruppe den von uns ermittelten Preis bezahlen?
- Wie groß ist diese Zielgruppe? Kann mit dieser Größe mein Unternehmen gewinnbringend betrieben werden?

Den Nutzen beschreiben Sie bitte ganz konkret. Es genügt nicht, wenn Sie festhalten, dass die Kunden mehr Gewinn durch Ihr Produkt/Ihre Dienstleistung erzielen. Beschreiben Sie in diesem Fall auf den Euro genau, wie viel die Kunden mehr verdienen können.

Ist der Nutzen ein weicher Faktor (Soft Skill) wie etwa Behaglichkeit oder Sicherheit, dann beschreiben Sie dies mit einem Bild. Bezogen auf den Heizungsinstallateur könnte dies zum Beispiel die Familie sein, die im warmen Zimmer sitzt, während draußen der Schneesturm tobt. Vom Nutzenbieten geht dann der zweite Schritt zur Frage, ob der von Ihnen erbrachte Nutzen von der Zielgruppe bezahlt werden kann. Sicherlich sind Sie in der Lage, viel Nutzen zu bieten, doch nicht jeder kann den gewünschten Nutzen auch bezahlen.

z.B. Eine Vor-Ort-Hilfe für Computerprobleme könnte eigentlich jeder brauchen. Ist eine Privatperson aber bereit, für Ihren Einsatz am Wochenende einen Stundenverrechnungssatz von 40 und mehr Euro zu bezahlen? Zusätzlich müssten dann auch noch Fahrtkosten auf der Rechnung auftauchen.
Zielgruppe einer derartigen Dienstleistung kann dann mit großer Sicherheit nicht jeder Computerbesitzer sein. Ein Unternehmen dagegen wäre sicher bereit, diesen Betrag zu zahlen.
Sie sollten aber die erste Zielgruppe Privatperson nicht ganz aus den Augen verlieren. Vielleicht können Sie diese mit anderen Serviceleistungen befriedigen? Beispiel: Via gebührenpflichtiger Hotline bieten Sie eine Sprechstunde beim Computerdoktor, dann bringen die privaten Computernutzer ihren PC zu Ihnen. Repariert wird in Zeiten, in denen Sie nicht bei Unternehmen vor Ort sind.

Vorab muss Ihnen die Größe der vorhandenen Zielgruppe klar sein. Kann die gesamte Zielgruppe angesprochen werden? Oder ist die Zielgruppe vielleicht in Ihrer Gesamtheit zu groß, um sie zu bedienen? Hier heißt es dann, weiter einzugrenzen.
Auf der anderen Seite kann es sein, dass Ihre erkannte Zielgruppe eigentlich zu klein ist. Für jedes Geschäft ist eine Mindestgröße nötig. Es entstehen fixe Kosten, die unabhängig von dem erzielten Umsatz sind. Das sind zum Beispiel die Mietkosten für Büro, Werkstatt und/oder Laden. Das sind aber auch Kosten für die Technikausstattung. Je

mehr Umsatz erzielt wird, desto mehr kann vom Umsatz als Deckungsbeitrag zu den fixen Kosten fließen.

! Ihre Zielgruppe können Sie durch den Blick über den eigenen Tellerrand vergrößern. Traditionelle geographische Einschränkungen oder Einschränkungen, was die übliche Struktur der Zielgruppe angeht, sind nicht gottgegeben!

Geographische Einschränkungen können mit technischen Mitteln wie Versandhandel oder Internet wettgemacht werden. Selbst über Ländergrenzen hinweg können Sie Kundennutzen verkaufen.

z.B. Marktplatz Internet: Ein Bäcker in einer ländlichen Region hat seinen Umsatz an Weihnachtsstollen innerhalb von sechs Jahren um das 600-fache (kein Schreibfehler) gesteigert. Die Strategie war ganz einfach: Einige wenige seiner Kunden im Dorf wollten Stollen ohne Zitronat und Orangeat. Als der diesen dann im Internet anbot, wurde die Nachfrage zunehmend größer. Heute macht der Betrieb 30 Prozent seines Umsatzes mit dem Stollenversand.

Denken Sie also weiter und nutzen Sie neue Techniken, tragen Sie den veränderten Einkaufs- und Lebensgewohnheiten Rechnung. Nehmen Sie Ideen aus anderen Branchen auf und prüfen Sie, wie diese in Ihr Betriebskonzept passen.

z.B. Franchise: Hinter diesem Begriff versteckt sich die Idee, ein Geschäftskonzept auf andere Standorte und auch auf andere Unternehmer zu übertragen. Prüfen Sie doch einmal, ob Ihre Geschäftsidee nicht auch für andere Unternehmer von Interesse ist. Auch hiermit können Sie Ihren Markt vergrößern.

Bei der Definition der Zielgruppe müssen die Scheuklappen abgenommen werden. Jede bisherige Entscheidung ist in Frage zu stellen. Nichts ist beständiger als der Wandel.

z.B. Einer der erfolgreichsten Schraubenhändler in Deutschland verspricht seinen Kunden die Lieferung innerhalb von 24 Stunden. Das Wachstum und das Geschäftsergebnis dieses Unternehmens zeigen, dass dieser Nutzen für die Kunden von den Kunden honoriert wird.
Jetzt werden zusätzlich noch so genannte Abholstationen eingerichtet. Wie in einer Art Supermarkt kommt hier der Handwerker her und sucht sich aus, was er braucht. Alle gängigen Produkte sind vorrätig. Die bisherige Lieferdauer von 24 Stunden wird für den Handwerker auf wenige Minuten verkürzt.
Hier kann eine ganz neue Zielgruppe erreicht werden. Es sind zwar dieselben Handwerker, die einkaufen und auch bestellen, doch den unvorhergesehenen Bedarf mussten sie bislang woanders decken. Die Gefahr der Abwanderung bestand. Mit den Abholstationen wurde der Service verbessert und durch diesen weiteren Aspekt des Nutzenbietens die Bindung der Kunden an das Unternehmen erhöht.

Bevor Sie also überlegen, wie Sie neue Zielgruppen erreichen können, sollten Sie nachfragen, wie die bestehenden Zielgruppen noch besser bedient werden können. Möglich wird dies nur, wenn Sie genau definieren, welchen Nutzen Sie wem bieten wollen.

! Je enger und konkreter Sie Ihre Zielgruppe fassen und je besser Sie diese darstellen, desto besser können Sie diese bearbeiten.

Welcher Polizist würde bei einer Fahndung lediglich sagen, dass er einen Menschen sucht? Stattdessen kommen ganz konkrete Angaben zur Person: Geschlecht, Größe, Gewicht, Aussehen etc. So kann die

Fahndung der Polizei ihre Zielgruppe einschränken – von über 80 Millionen Bürgern in Deutschland auf ein überschaubares Maß. Wie sieht Ihre Zielgruppe aus? Können Sie diese genau beschreiben?

z.B. Die Zielgruppe eines Einzelhändlers in der Stadt kann gar nicht die Gesamtbevölkerung sein. Wir können mit unseren Nutzenbieten-Aspekten nur einen mehr oder weniger großen Teil der Bevölkerung erreichen. Obwohl inzwischen selbst mancher Porschefahrer bei Aldi einkauft, gibt es Menschen, die nie bei Aldi einkaufen würden. Wir sind eben alle viel zu verschieden. Das ist auch gut so und gleichzeitig für jeden eine Chance, jemanden zu finden, für den man Nutzenbieter sein darf.

Konzentration oder Verzettelung ?

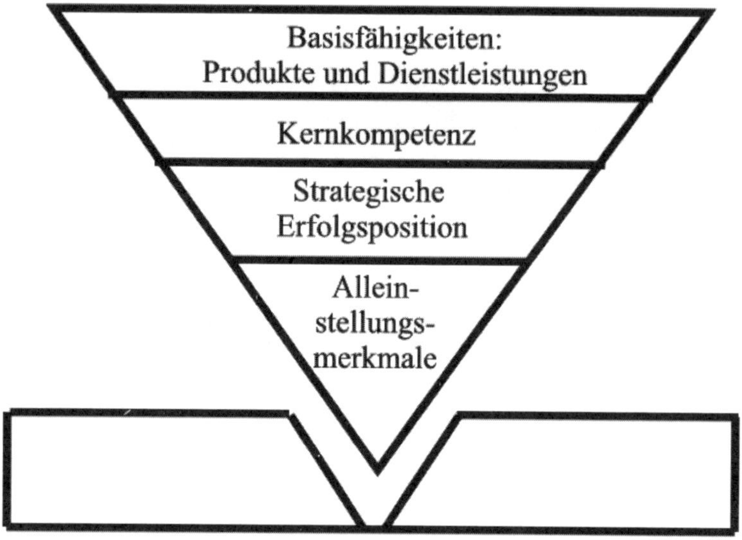

Konzentration ist der Schlüssel zum wirtschaftlichen Erfolg. Kein anderes Prinzip wir heute so häufig verletzt wie das grundlegende Prinzip Konzentration. Statt dessen scheint das Motto zu lauten, von allem ein bißchen.

Peter F. Drucker

So können Sie Kundennutzen schaffen:

- ❑ Sie kennen die Probleme Ihrer Kunden!
- ❑ Sie wissen, wovon Ihre Kunden träumen.
- ❑ Sie bieten einen wirklichen Nutzen für Ihre Kunden.
- ❑ Ihre Kunden erkennen den von Ihnen erbrachten Nutzen.
- ❑ Der von Ihnen erbrachte Nutzen stimmt mit dem erzielten Preis überein. Nicht zu teuer, nicht zu günstig.

Nutzenbieter können Sie auch sein, wenn Sie standardisierte Qualität zu einem möglichst niedrigen Preis verkaufen. Problem ist hier, dass nur eine Minderheit den bewussten Weg der Kostenführerschaft gehen kann. Der billigste Anbieter kann nur einer sein.

Den Kunden kennen

Wer jemandem eine Freude machen will, muss wissen, was dem anderen Freude macht. Genauso müssen Sie auch wissen, was Ihren Kunden Freude bereitet und welchen Kunden Sie überhaupt eine Freude machen können.
Sie kennen Ihre Produkte und Dienstleistung; Sie haben den hieraus entstehenden Nutzen für Ihre Kunden genau definiert. Jetzt müssen Sie nur noch die passenden Kunden dazu finden. Was in der Kommunikation miteinander geschehen kann, das kann auch hier passieren. Sie reden aneinander vorbei. Der Grund liegt auf der Hand: Sie kommunizieren nicht auf der gleichen Ebene. Genauso ist es im Verkauf: Sie müssen Ihre Kunden auf die richtige Weise ansprechen.

Verkaufserfolg entsteht, wenn

- ❑ *der richtige Kunde*
- ❑ *zur richtigen Zeit*

- ❑ *mit der richtigen Sprache*
- ❑ *angesprochen wird und er einen Nutzen erkennt.*

Alles andere ist herumstochern im Nebel mit Zufallsergebnissen.

! Verkaufserfolg entsteht dann, wenn Sie Ihren Kunden kennen.

Grundlage ist immer, dass eine Zielgruppe festgelegt ist. Je genauer diese beschrieben ist, desto besser kann sie gefasst werden.

z.B. Ein Klimaanlagenbauer hat als Zielgruppe die Betreiber von Cafés ausgemacht. Konditoreiprodukte brauchen ein entsprechendes Klima. Auch Gäste in Cafés fühlen sich bei einem angenehmen Klima wohler. Der Umsatz pro Gast steigt nachgewiesenermaßen (Nutzen für die Cafébetreiber). Tätig ist er in einer bestimmten Region. Diese hat er gegenwärtig noch eingegrenzt, um den Kundendienst selber gewährleisten zu können.
Mit einer Mailing-Aktion will er nun seine Zielgruppe bearbeiten. Über das Branchentelefonbuch *Gelbe Seiten* kann er die Adressen herausfinden. Er kann aber auch Adressen von Adressverlagen zukaufen. Eine weitere Möglichkeit ist es, sich an einen Großhändler zu wenden, der die Cafés beliefert. Mit dem Großhändler wäre es möglich, eine Kooperation einzugehen und die Klimaanlagen zu verkaufen.

Die Zielgruppe und der Nutzen für diese steht fest und so kann mit relativ einfachen Mitteln ein Kontakt zu ihr hergestellt werden. Das Beispiel zeigt auch Folgendes: Wenn der Nutzenbieten-Aspekt klar ersichtlich ist, können auch Kooperationspartner leichter überzeugt werden.
Offen ist allerdings noch die Frage, woher der Klimaanlagenbauer weiß, dass Cafés mit Klimageräten einen Vorteil/Nutzen haben. Genau dieses Wissen zeichnet den Unternehmer aus. Sie als Unterneh-

mer müssen wissen, was der Markt will. Im besten Falle wissen Sie es schon, bevor Ihre neuen Kunden dies tun.
Was auf den ersten Blick verrückt klingt, ist ganz logisch. Wer als Erstes einen neuen Markt entdeckt (Marktlücke!), kann ihn am besten bearbeiten. Große Industrieunternehmen, die im Konsumgüterbereich tätig sind, setzen hier auf Trendscouts. Dies sind Menschen, die ständig auf der Suche nach Neuem sind. Welche Musik ist beispielsweise angesagt und wie kann man diese mit Produkten/Dienstleistungen verbinden? Im Forschungsbereich ist es ähnlich. Hier wird gefragt, wie Forschungsergebnisse zu Produkten und Dienstleistungen werden können, die den Menschen einen Nutzen bieten.

z.B. Funktionelle Lebensmittel (Functional Food) wurden deshalb möglich, weil es der Industrie gelang, Vitamine, Ballast- und Mineralstoffe gezielt in Rohstoffen und Produkten einzusetzen. Am Markt kommen diese Lebensmittel an, weil sich die Lebensgewohnheiten geändert haben: Wir haben genügend zu essen. Wir haben keine Zeit, natürliche Speisen zuzubereiten. Wir essen zunehmend aushäusig. Die Lösung heißt: Lebensmittel, die mit bestimmten funktionellen Bestandteilen angereichert sind wie zum Beispiel Joghurt, Brot oder Fertiggerichte. Der Kunde kauft das Gefühl, etwas Gutes für seinen Körper zu tun.

Kann aber auch ein Kleinbetrieb auf neue Trends aufspringen? Ja, dies ist möglich. Einfach Augen und Ohren aufsperren. Nur wer seinen Kunden zuschaut und zuhört, der merkt, was diese brauchen oder bald brauchen könnten. Nicht der Große wird siegen, sondern der Schnellere. Gerade dies ist eine Chance für flexible Betriebe jeder Größenordnung.
Trends kommen in vielen Bereichen des Wirtschafts- und Privatlebens aus den USA. Gerade Unternehmer reisen immer wieder in das Land der unbegrenzten Möglichkeiten und schauen sich dort bewusst um. Es gibt aber auch Unternehmensberater und Wirtschaftsjournalisten,

die zwischen der alten und neuen Welt pendeln und in Büchern, Fachartikeln oder Vorträgen über neue Trends aus USA berichten.

z.B. Eine Werbeagentur beschäftigt regelmäßig Praktikanten. Diese bekommen dann die Aufgabe, im Internet nach neuen Trends in der US-amerikanischen Werbung zu recherchieren. Jeder Praktikant findet neue Trends, die Ideen für die eigene Arbeit der Agentur geben.

Trends kommen und gehen. Die Aufgabe von Ihnen als Unternehmer ist, diese zu beobachten und Ihre ganz persönlichen Rückschlüsse zu ziehen. In der Regel haben Sie genügend Zeit, um noch zu agieren. Ist es einmal zu spät, dann können Sie nur noch reagieren.

Tipp Systematisieren Sie Ihre Trendforschung: Lesen Sie regelmäßig Fachzeitschriften; auch die Ihrer Kunden. Sammeln Sie Informationen zu aktuellen Entwicklungen. Nehmen Sie sich mindestens zweimal im Jahr die Zeit zu hinterfragen, wie sich diese Entwicklungen auf Ihr Unternehmen auswirken. Um die eigenen Scheuklappen zu verlieren, fragen Sie auch außen stehende Personen wie Freunde aus anderen Branchen.

Informationen über die Bedürfnisse von Kunden erhalten Sie auch durch verschiedenste Studien. Sowohl die öffentliche Hand veröffentlicht regelmäßig Studien (zum Beispiel über den Demographiewandel = unsere Gesellschaft wird immer älter), als auch Banken oder die Zulieferindustrie. Fragen Sie hier gezielt Ihre Geschäftspartner.
Eine weitere Möglichkeit, gemeinsam mit seinen Kunden vorauszudenken, ist der Kundenbeirat. Sie holen hierzu ausgesuchte Kunden in Ihr Unternehmen. Mit ihnen besprechen Sie dann künftige Herausforderungen und suchen gemeinsame Lösungen. Gleichzeitig schaffen Sie so loyale Fürsprecher für Ihr Unternehmen.
Es ist sicher richtig zu überlegen, was die Kunden morgen brauchen. Wir dürfen aber das Hier und Jetzt nicht aus den Augen verlieren.

Heute verdienen wir das Geld. Heute muss ich Nutzen für den Kunden bieten. Hier beschreibe ich einige Möglichkeiten, Informationen über Ihre Kunden zu bekommen und zu nutzen:

Kundenkartei:
Sie kann von Hand geführt werden oder auch mit Hilfe des PCs. Wichtig ist nur, dass überhaupt eine Kundenkartei vorhanden ist. Kunden sind das Kapital Ihres Unternehmens. Wenn Sie dann Kapital in Form von Krediten brauchen, will die Bank auch die Kundenkartei sehen.
Eine gut gepflegte Kundenkartei ist bares Geld wert. Einen neuen Kunden zu bekommen kostet fünf bis zehnmal mehr, als wenn Sie einen bestehenden Kunden pflegen. Nur mit Hilfe einer Kundenkartei ist dies systematisch und zielbringend möglich.

z.B. Bei manchen Autohäusern bekommen Verkäufer zu ihrem Grundgehalt oft noch einen Bonus, der sich nach dem Pflegeerfolg ihrer Kundendaten richtet: Die Kunden bekommen eine Grußkarte zum Geburtstag, werden telefonisch persönlich informiert, wenn der Kundendienst oder TÜV fällig ist, man lädt sie schriftlich und mündlich zu Neuvorstellungen von Fahrzeugen ein.

Diese Daten sollten in eine Kundenkartei:

- ❑ Adressdaten (eventuell vorherige Adresse, Adresse der Hauptniederlassung)
- ❑ Ansprechpartner (mit Geburtsdatum, eventuell private Adresse)
- ❑ die Lieferantennummer (diese vergeben Großfirmen an ihre Lieferanten)
- ❑ Kontaktliste (Wer hatte wann Kontakt mit wem?)
- ❑ die getätigten Umsätze
- ❑ Was liefern Sie? Was liefern Mitbewerber?
- ❑ Was braucht der Kunde künftig?

Bei Neukunden ab einer gewissen Größenordnung empfiehlt sich, vor Auftragsbeginn deren Bonität zu prüfen. Möglich ist dies über Auskunfteien wie Schufa oder Kreditreform. Inzwischen gibt es auch Prüfsysteme wie Atriga, über die im Internet geprüft werden kann. Wichtig ist zuerst, ob die Adresse und bei Unternehmen die Firmierung richtig ist. Was nützt ein Mahnbescheid im Ernstfall, wenn es nur eine Briefkastenadresse ist? Natürlich wird auch das Zahlungsverhalten des potenziellen Kunden geprüft.

Heute ist es technisch möglich, dass bei einem Kundenanruf automatisch dessen Historie auf dem mit der Telefonanlage verbunden PC erscheint. So kann dem Kunden sofort kompetent geholfen werden.
Neben der Kundenkartei empfiehlt es sich, eine Kartei mit den Daten Ihrer potenziellen Kunden (Zielgruppe) zu führen. Diese kann dann separat bearbeitet werden. Adressen von potenziellen Kunden erhalten Sie zum Beispiel über Gewinnspiele, Empfehlungen, Adressenkauf.

Reklamationen als Chance:
Eine gute Rückmeldung über den Kundennutzen erhalten Sie bei Reklamationen. Sicherlich ist dies auf dem ersten Blick nicht gerade schön. Doch bietet gerade die Reklamation die Möglichkeit, Schwachstellen in Ihrem Leistungsangebot aufzuzeigen.
Hier haben Sie zudem die Möglichkeit zum direkten Kontakt mit den Kunden. Sie können fragen und hinterfragen. Nutzen Sie diese Möglichkeit, um Ihre Kundenkartei zu aktualisieren und neue Bedürfnisse des Kunden abzufragen.

Tipp Reklamationen sind schriftlich festzuhalten. Alleine schon mit der Schriftlichkeit zeigen Sie dem reklamierenden Kunden, dass Sie ihn ernst nehmen. Gleichzeitig können Sie Ihre Notizen dazu nutzen, die Schwachstelle zu finden, die zur Reklamation geführt hat.
Die Daten der Reklamation sollten für weitere Planungen genutzt werden. So können Schwachstellen systematisch ausgeschaltet werden.

Was Kunden stört

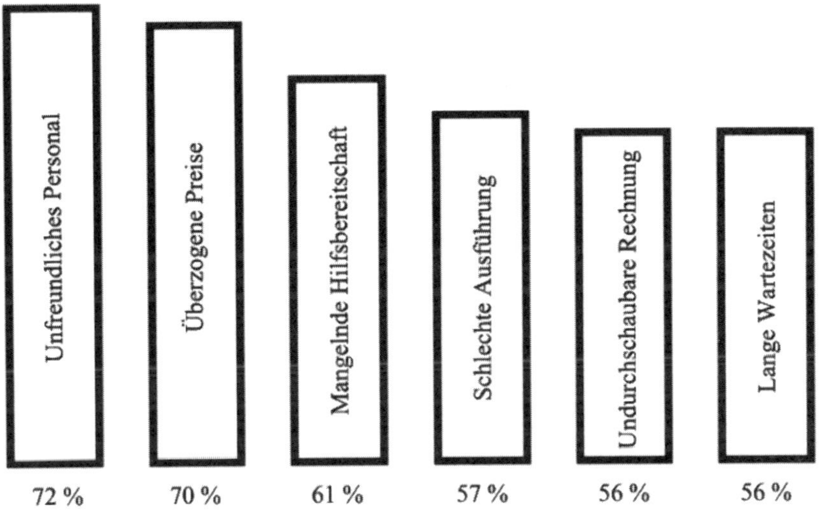

Basis: 1500 befragte Verbraucher, Emnid-Umfrage für den Spiegel 1994
(Das ist heute nicht anders!)

Eine gut bearbeitete Reklamation zeichnet sich dadurch aus, dass Ihr Kunde anschließend eine Reklameaktion für Sie macht.

Auftragsabschluss:
Meist ist man froh, dass ein Auftrag erledigt wurde. Kaum nimmt man sich dann noch Zeit für eine Nachfrage beim Kunden. Spätestens

dann, wenn dieser allerdings die Rechnung moniert oder selbständig etwas von dieser abzieht, gibt es Grund nachzufragen.
So weit müssen Sie es nicht kommen lassen. Fragen Sie sofort bei Auftragserledigung nach, ob alles zur Zufriedenheit des Kunden gelaufen ist. Gerade in dieser Phase können Probleme meist schneller beseitigt werden. Eine kleine Checkliste kann Ihnen dabei helfen.

z.B. Ein Raumausstatter, der sich auf den gehobenen privaten Kundenkreis spezialisiert hat, übergibt eine fertige Arbeit immer den Kunden persönlich. Er zeigt, was alles gemacht wurde, gibt zum Beispiel bei Teppichen und Gardinen spezielle Pflegetipps und überrascht die Hausherrin zum Abschluss noch:
Der Raumausstattermeister überreicht einen kleinen Blumenstrauß und eine Karte mit einer Vorher-Nachher-Ansicht der Arbeit. Logisch ist, dass darauf auch die ausführende Firma, nämlich seine, verewigt ist. Die Kunden zeigen diese Karte ihren Bekannten und machen damit und mit dem Bericht über ihre positiven Erfahrungen automatisch Werbung für den Raumausstatter.

Feedback-Bogen:
Natürlich ist es nicht immer möglich und auch nicht immer wirtschaftlich, persönlich beim Kunden dessen Zufriedenheit abzufragen. Man kann dies aber zumindest schriftlich tun – mit einem Feedback-Bogen, den Sie Ihren Rechnungen beilegen können.
Die Beantwortung und das Zurückschicken wird erleichtert,

- ❑ wenn die Antworten vordefiniert sind (zum Ankreuzen), jedoch auch die Möglichkeit besteht eine Aussage unterzubringen, und
- ❑ wenn der Kunde einen Nutzen sieht. Dies kann zum Beispiel durch ein Gewinnspiel erfolgen.

Diesen Feedback-Bogen geben Sie den Kunden entweder nach der Auftragsabwicklung. Er kann zum Beispiel dem Lieferschein in Form

einer Postkarte beigegeben sein. Ihr Kunde braucht die Karte nur noch auszufüllen und zurückzuschicken. Ähnlich kann man verfahren, indem der Feedback-Bogen der Rechnung beigelegt wird.
Eine andere Möglichkeit besteht darin, den Feedback-Bogen gesondert an den Kunden zu schicken. Vorteil hierbei ist, dass der Kunde schon mal über die erbrachte Leistung geschlafen hat. Ein kleines Anschreiben kann darauf hinweisen, dass Ihnen die Zufriedenheit der Kunden besonders am Herzen liegt und Sie durch die Rückmeldung des Kunden die Qualität Ihrer Leistungen weiter steigern wollen.

z.B.

Sehr geehrte(r) ....,

herzlichen Dank, dass wir am ... für Sie tätig sein durften. Unser Anliegen ist es, beste Leistungen für unsere Kunden zu erbringen. Um diesem hohen Qualitätsanspruch auch künftig gerecht zu werden, sind wir ständig bemüht besser zu werden.

KUNDENZUFRIEDENHEIT wird bei uns groß geschrieben. Bitte sagen Sie uns auf beiliegendem Rückantwortbogen, wie Sie mit unserer Leistung zufrieden waren. Wir freuen uns auf eine ehrliche Antwort.

Selbstverständlich freue ich mich auch auf Ihren Anruf und bin persönlich für Sie da.

Es grüßt Sie freundlich

Max Müller

Dachdeckermeister

Ein Feedback-Bogen könnte so aussehen (Ich habe diesen in Form von Aussagen konzipiert):

Die Leistungen der Firma .... waren überzeugend:	trifft nicht zu	trifft zu
Die Arbeiten wurden pünktlich und sauber ausgeführt:	trifft nicht zu	trifft zu
Die fachliche Leistung der Planung überzeugten:	trifft nicht zu	trifft zu
Die fachliche Leistung der Ausführung hat überzeugt:	trifft nicht zu	trifft zu
Ich würde die Firma ... weiterempfehlen, weil		

Dieser Feedback-Bogen hat allerdings nicht den Zweck, Informationen über den Kunden zu bekommen. Vielmehr will man durch die bewusste Aussagesteuerung dem Kunden ein positives Gefühl vermitteln.

Wollen Sie offene und ehrliche Antworten, dann empfiehlt es sich, die Fragen neutral zu gestalten und die Beantwortung in Form von Schulnoten von 1–6 zu ermöglichen. Bitte bedenken Sie auch, immer Platz für die eigene Meinungsäußerung zu geben.

z.B.

Neutrale Fragen eines Feedback-Bogens:

Welchen Eindruck machten unsere Mitarbeiter auf Sie bezüglich ihres fachlichen Könnens?

Note 1 (sehr gut) Note sechs (ungenügend)

Zusammenfassung: Ihre Kunden entscheiden über den Erfolg Ihres Unternehmens. Der Kunde muss im Mittelpunkt stehen. Königliche Behandlung, uneingeschränkte Aufmerksamkeit, nichts ist unmöglich, Dank und die Gewissheit, dass nur der Kunde Erfolg bringt – das ist Ihnen klar. Alle Bemühungen von Ihnen sind immer auf den Kundennutzen ausgerichtet.

Kunden finden – Werbung

Das ist Werbung

Wir sind den ganzen Tag lang von Werbung umgeben. Manchmal nehmen wir sie bewusst wahr. Im Extremfall »zappen« wir sie am Fernseher weg. Manchmal wird sie augenscheinlich von uns übersehen, bleibt jedoch in unserem Unterbewusstsein verankert.
Werbung ist die bewusste Beeinflussung von Menschen auf einen bestimmten Werbezweck hin. Mit Werbung sollen Menschen dazu bewegt werden, etwas zu tun, das sie eigentlich nicht tun würden. Dies muss nicht unbedingt negativ gemeint sein. Im positiven Sinne kann man mit Werbung auch Menschen zum Glück verhelfen.

Haben Sie sich schon mal überrumpeln lassen? Die eigenen Kinder haben so lange gebettelt, bis man zu Mc Donalds ging. Ein Haustürverkäufer hat solange seine herzzerreißende Geschichte erzählt, bis man die Fernsehzeitung abonniert hat. Hinterher hat man sich dann über sich selbst geärgert. Der Grund dafür liegt auf der Hand: Die Werbung, auf die Sie hier hereingefallen sind, hat nur kurz gewirkt.
Wenn Sie werben, dann muss die Werbung Ihre potenziellen Kunden überzeugen und nicht überfahren.

Doch an was erkennt man gute Werbung? Was viele nicht wissen ist, dass man dies mit relativen Mitteln messen kann. Die Wirkung von Fernsehwerbung lässt sich an der Einschaltquote mehr oder weniger genau ablesen. Bei Anzeigenwerbung in Zeitungen und Zeitschriften kann für eine Bestellung eine entsprechende Kennnummer eingebaut werden, um so die Resonanz zu registrieren. Selbst die Imageveränderungen durch Werbung für eine Firma kann man heute mit Hilfe von Umfragen ermitteln.
Im betrieblichen Alltag wird Werbung oft mit Marketing gleichgesetzt. Dann wird schon mal eine Anzeige geschaltet (= Werbung), weil

jemand gesagt hat, man müsse mehr Marketing machen. Im Prinzip ist dies richtig. Marketing ist auch Werbung. Werbung ist jedoch nur ein Teil des Marketings.

z.B. Werbung hat in der Regel die Aufgabe, kurzlebige Maßnahmen anzustoßen. Mit Postwurfsendungen kann ein Supermarkt an die Bevölkerung Preisangebote (Lockvogelwerbung!) kommunizieren. Dies ist Werbung. Will man jedoch dafür Sorge tragen, dass Kunden auch kommen, wenn keine Postwurfsendung mehr gestreut wird, dann muss Marketing gemacht werden. Hier wird mit Maßnahmen, die langfristig angelegt sind, gearbeitet. Zu nennen wären die Freundlichkeit und die Servicebereitschaft der Mitarbeiter. Dies sind typische Marketingmaßnahmen.

Während also Werbung auf den schnellen und teilweise auch einmaligen Erfolg zielt, ist Marketing langfristig und breiter in der Werkzeugauswahl angelegt. Gleichwohl darf Werbung nicht als minderwertig angesehen werden. Vielmehr ist Werbung in der Regel Grundlage für weitere Marketingmaßnahmen und den daraus resultierenden betrieblichen Erfolg.

! Werbung darf nicht isoliert betrachtet werden. Sie ist immer im Kontext mit den Marketingmaßnahmen und dem Unternehmensziel zu sehen.

Werbung ist ein Muss

Gerade Existenzgründer, aber auch Betriebsübernehmer müssen Werbung machen. Was nützt es, dass Sie beste Leistungen mit hohem Nutzwert für die Kunden erbringen, wenn keiner davon weiß. Selbst wenn Sie auf Mundpropaganda setzen, was ja nichts anderes ist, als dass ein anderer für Sie wirbt, müssen Sie diesen einen erst einmal finden. Die Lösung hierfür heißt dann eben Werbung.

Zeitungsanzeigen (Inserate): Mit Werbung stellen Sie Ihrer Zielgruppe Ihre Leistungen vor. Zu beachten ist, dass hier das Wort Zielgruppe gefallen ist. Werbung darf nicht an Anzeigenpreislisten oder dem persönlichen Geschmack ausgerichtet sein, sondern einzig und allein an der Frage, wie Sie Ihre Zielgruppe am besten erreichen.

! Den Preis einer Anzeige dürfen Sie nicht nach dem Millimeter-Preis berechnen, sondern nach der Menge (1000er-Preis) und der Qualität der Leser, die Sie erreichen, sowie nach der Glaubwürdigkeit des Mediums.

Das müssen Sie beim Schalten von Anzeigen beachten:

- ❑ Können Sie mit einer Anzeige überhaupt die Information übermitteln, die Sie weitergeben wollen?
- ❑ Welche Zeitungen/Zeitschriften/Werbeblätter liest Ihre Zielgruppe?
- ❑ Wann (Wochentag) schalten Sie die Anzeige?
- ❑ Wie sorgen Sie für Aufmerksamkeit (Anzeigenfriedhof!)?
- ❑ Kann/muss die Anzeige mit weiteren Maßnahmen verknüpft werden?

Tipp Anzeigen können Sie mit Hilfe von Grafikprogrammen am PC gestalten. Um die Wirkung Ihrer Anzeige festzustellen, nehmen Sie einfach Ihre gestaltete Anzeige und fügen diese in eine alte Ausgabe der Zeitung ein, in der sie erscheinen soll – etwa, indem Sie die ausgedruckte Anzeige einfach ausschneiden und in die Zeitung legen.
Sie können aber auch eine entsprechende Anzeigenseite einscannen und Ihre Anzeige in die gescannte Seite einfügen. Dann müssen Sie diese nur noch ausdrucken und anschauen. Lassen Sie auch Kollegen, Freunde oder Bekannte aus Ihrer Zielgruppe den so gemachten Entwurf ansehen. Auf diese Weise können Sie die Wirkung testen.

Wenn Sie das Medium für Ihre Anzeige und das Erscheinungsdatum ausgewählt haben, muss die Anzeige entsprechend gestaltet werden. Hier gilt es, den Aufmerksamkeitswert, die zu übermittelnde Botschaft sowie das Erscheinungsbild des Unternehmens in der Anzeige optisch zusammenzufassen.
Beachten Sie bitte, dass auch die Größe Ihrer Anzeige und deren Platzierung etwas aussagt. Eine zu große Anzeige bei einem Kleinbetrieb signalisiert Übertreibung. Der Betrachter erhält den Eindruck, dass viel geworben werden muss. Seine Schlussfolgerung: So gut kann das beworbene Produkt oder die beworbene Dienstleistung nicht sein. Eine zu kleine Anzeige bei einem etablierten Betrieb kann dagegen übertriebene Sparsamkeit signalisieren. Es muss eben alles in ein Gesamtbild passen, das die Kunden von Ihnen und Ihrem Unternehmen bekommen und das durch Werbung verstärkt wird.

! Beobachten Sie die Anzeigen Ihrer Mitbewerber und analysieren Sie diese. Sie haben dann zwei Möglichkeiten: Entweder Sie schalten ähnliche Anzeigen in ähnlichen Größen und haben ähnlichen Erfolg. Oder Sie schalten Anzeigen in einer völlig anderen Form (Größe, Inhalt etc.) und haben auch einen ganz anderen Erfolg.

Direktmailing: Werbung ist aber weit mehr als nur Anzeigen zu schalten. Eine weitere Möglichkeit auf Ihre Zielgruppe direkt zuzugehen ist das Direktmailing. Angesichts der zunehmenden Informationsflut durch Printmedien und Fernsehen haben viele Unternehmen diesen Weg gewählt. Die logische Konsequenz daraus ist, dass viele von uns täglich mit einer Vielzahl von Werbebriefen zugemüllt werden.
Werbebriefe oder auf neudeutsch Direktmailings haben jedoch Vorteile, die man nach wie vor nutzen kann, wenn man es geschickt anstellt:

- Werbebriefe können die Zielgruppe genau erfassen. Bei Zeitungsanzeigen haben Sie eine gewisse Streuwirkung. Durch geschickte Adressauswahl können Sie dies bei Mailingaktionen minimieren.

- ❑ Der Empfänger eines Werbebriefes widmet seine Aufmerksamkeit Ihnen direkt (Idealfall!) ohne abgelenkt zu werben.
- ❑ Mit Werbebriefen können Sie Ihre Botschaft klarer transportieren; Sie können mehr Argumente rüberbringen.
- ❑ Ein Werbebrief kann besser zu einer direkten Handlung inspirieren – etwa durch eine Rückantwortkarte oder ein Bestellformular.

Gleichzeitig ist ein Direktmailing aber gar nicht so anders als jede andere Werbung: Es muss auffallen, es muss einen Wunsch beim Leser erzeugen und es muss eine Reaktion hervorrufen.
Hier kann die so genannte AIDA-Formel angewandt werden – wobei jeder Buchstabe von AIDA für eine Aktion steht:
A = Attention, also Beachtung finden: Es nützt das beste Angebot nichts, wenn es in der Informations- und Arbeitsflut untergeht. Ein Werbebrief muss optisch auffallen. Der Empfänger gibt Ihnen im Schnitt weniger als fünf Sekunden Zeit und entscheidet dann, ob er den Brief öffnet und liest oder ob der Brief direkt in den Müll wandert.

z.B.

Fakten zum Direktmailing: Acht Sekunden braucht der Leser, um das Kuvert anzusehen und nach der Öffnung zu suchen. Vier Sekunden dauert es, bis das Kuvert geöffnet und der Inhalt entnommen wurde. Acht Sekunden widmet sich der Empfänger dem Inhalt.

Eine Werbemail muss auffallen. Wichtig ist deshalb, den richtigen Empfangstag auszusuchen. Also müssen Sie überlegen, wann der Briefempfänger die meiste Zeit zum Lesen hat. Lassen Sie sich hierzu auch vom Direktmailing-Center der Deutschen Post beraten.
Eine Werbemail muss aber auch optisch auffallen. Lassen Sie sich von anderen Mails inspirieren. Die Möglichkeiten sind vielfältig, wie zum Beispiel ein durchsichtiger Briefumschlag oder ein Sonderformat (Porto beachten!).
Wichtig ist vor allem auch, dass die Mail richtig adressiert ist. Bitte richten Sie wenn möglich und wirtschaftlich sinnvoll den Brief an konkrete Empfänger. Adressen können von Adressverlagen gekauft

werden. Sie können jedoch auch Adressen zum Beispiel aus dem Telefonbuch oder Branchenbuch heraussuchen bzw. auf eigene Adressen zurückgreifen.

Tipp Sammeln Sie Adressen von potenziellen Kunden bzw. schon bestehenden Kunden zum Beispiel durch Gewinnspiele oder auch durch Kundenkarten, die Sie ausgeben. So kann der Kontakt zu neuen Kunden hergestellt und zu bestehenden ausgebaut werden.

I = Information, also die Übermittlung einer Botschaft: Natürlich muss auch das Innere des Briefes Beachtung finden. Hierzu gehört es, dass der Leser sofort erkennt, wer schreibt. Es gehört aber auch dazu, dass der Leser sofort das Anliegen des Schreibers erkennt. Selbstverständlich muss auch die Länge des Briefes beachtet werden. Statt auf Buchstabensalat sollten Sie mehr auf optische Reize setzen.

! Unser Gehirn arbeitet in Bildern. Buchstaben muss es erst in Bilder umwandeln. Bilder dagegen kann es direkt aufnehmen.

So sollte ein Direktmailing gestalterisch aufgebaut sein:

- ❑ Logo und Angaben des Absenders
- ❑ Form eines Briefes mit direkter Ansprache
- ❑ Unterschrift (eigenhändig oder als Faksimile andersfarbig eingedruckt)
- ❑ Einbindung von Fotos, Zeichnungen, Grafiken
- ❑ Möglichkeit zur Reaktion

D = Desire, also einen Wunsch wecken: Ziel der Werbung ist es, den Betrachter zu einer Aktion (Kauf, Bestellung) zu veranlassen. Eine Reaktion muss aber ausgelöst werden. Sie essen, wenn Sie den Wunsch nach Sättigung haben. Sie essen aber auch, wenn etwas lecker aussieht und buchstäblich das Wasser auf der Zunge zusammenlaufen

lässt. Hier wurde durch optische Reize ein Wunsch ausgelöst, der dann in eine Aktion mündet.
Jetzt stellt sich die Frage, auf welcher Ebene der Leser angesprochen werden soll. Wie kann dem Leser sein Nutzen am besten dargestellt werden? Soll es die rein fachliche Ebene sein? Also Fakten, Fakten, Fakten. Oder die emotionale Ebene, die an das »Bauchgefühl« appelliert?

! Selbst wenn Entscheidungen auf der emotionalen Ebene getroffen werden – die Praxistauglichkeit wird sich auch auf der fachlichen Ebene zeigen. Sie können also fachliche Mängel Ihrer Produkte oder Dienstleistungen nicht durch emotionale Stärken wettmachen. Die fachliche Ebene muss auch stimmen.

Die Konsumforschung hat in den letzten Jahren eindeutig festgestellt, dass der Großteil der Kaufentscheidungen nicht auf reinen Fakten beruht. Wer würde sich sonst ein Fahrzeug kaufen, das über 20 Liter auf 100 Kilometern schluckt – und das bei den heutigen Benzinpreisen? Wer derartige Fahrzeuge erwirbt, will zeigen, dass er das kann und dass er seinen Spaß daran hat. Hier wird klar, dass Entscheidungen auf der emotionalen Ebene gefällt wurden.
Selbst die Entscheidung für eine Rentenversicherung wird in den allermeisten Fällen auf der emotionalen Ebene entschieden. Der Versicherungsnehmer stellt sich unbewusst die Frage, wie vertrauenswürdig und sympathisch der Versicherungsverkäufer ist. Erst zweitrangig werden die Fakten der Rendite betrachtet.

Tipp Wer einen Wunsch bei seinem Kommunikationspartner auslösen will, der muss bei ihm Emotionen wecken.

Sie können den Wunsch verstärken bzw. anschieben, indem Sie abschließend nochmals die entsprechenden emotionalen und fachlichen Argumente zusammenfassen.

A = Action, was Aktion oder Handlung bedeutet: Jetzt zeigt sich, ob Werbung wirklich gut ist. Entschließt sich der Leser Ihres Mailings dazu, etwas zu kaufen, zu bestellen oder anzufordern? Jede Werbung muss die Aktion des Empfängers zum Ziel haben.
Auch hier können Sie noch lenken. Sie können es dem potenziellen Kunden erleichtern, diese Entscheidung zu treffen.
Fachliche Erleichterung ist beispielsweise möglich durch:

- ❑ eine kostenlose Hotline zum direkten Bestellen
- ❑ Beratungshilfe wie etwa Größentabellen, Bestellmengen etc.
- ❑ Beilegen von Bestellformularen, in denen der Absender schon vermerkt ist.

Emotionale Erleichterung geschieht etwa durch:

- ❑ Bestellung auf Probe
- ❑ Rückgaberecht, zum Beispiel vier Wochen
- ❑ einfache AGB (Allgemeine Geschäftsbedingungen)
- ❑ Referenzen von anderen Käufern
- ❑ Aktionsangebote in preislicher Form
- ❑ Aktionsangebote in Form von bestimmten Paketen (etwa Handyvertrag samt Handy plus Aktionsprodukt)

Auch hier stehen wieder folgende Fragen im Vordergrund: Was braucht mein Kunde? Wie kann ich meinen Kunden einen Nutzen bieten?

z.B. Ein Großhändler für Bürobedarf schickt kurz vor Jahresende noch eine Liste mit den am meisten bestellten Verbrauchsmaterialien (Kopierpapier, Umschläge etc.) an seine Kunden in Behörden. In den Behörden gibt es in der Regel bestimmte Budgets. Wird das Budget zum Beispiel für Büromaterial im laufenden Jahr nicht aufgebraucht, dann wird es im nächsten Jahr gekürzt – so die Vorstellung mancher Mitarbeiter dort.

Um die Bestellentscheidung positiv zu beeinflussen, wird dann für jede Bestellung eine Zugabe in Form von Kaffee oder Ähnlichem versprochen. Der Besteller sieht einen klaren Nutzen für sich (kostenlosen Kaffee) und bestellt mit einer höheren Wahrscheinlichkeit, als wenn gar nicht per Direktmailing geworben wäre.

Direktmailing hat also den ganz klaren Vorteil, dass Sie den Kunden persönlich ansprechen können. AIDA hilft dabei, dass diese persönliche Ansprache zum Erfolg wird. Direktmailings können sowohl im Neukundengeschäft als auch bei der Pflege des bestehenden Kundenstamms genutzt werden.

z.B.

Die Werbung im Bereich der Ärzteschaft unterliegt engen Grenzen. Es gibt aber Zahnärzte, die schreiben Ihre Kunden (Patienten) dann an, wenn sie über einen bestimmten Zeitraum nicht mehr bei Ihnen waren. Das emotionale Argument lässt sich mit dem Stichwort Vorsorge beschreiben. »Bitte denken Sie an Ihre Gesundheit«, schreibt der Zahnarzt. Für den Kunden ein ernst zu nehmendes Argument und ein Nutzen. Es müsste eigentlich nicht erwähnt werden, dass der Zahnarzt dies nicht aus reiner Menschenliebe macht. Er lebt zwar nicht von der Hand in den Mund, braucht aber auch Kunden (Patienten).

Hier die wichtigsten Direktmarketing-Produkte der Deutschen Post:

- Infobrief: die preiswerte Versandart für kleine Mailingauflagen ab 50 Stück.
- Infopost: erheblich weniger Portokosten bei Mailingauflagen ab 4.000 Stück bundesweit oder ab 250 Stück für dieselbe Leitregion.

Noch ein paar Fakten zum rechtlichen Aspekt von Direktmailings: Grundsätzlich ist die Werbung per Direktmailing, anders als Faxwerbung, zulässig. Dies gilt jedenfalls dann, wenn der Werbebrief ohne weiteres von außen als solcher erkennbar ist und der Empfänger den Brief ohne ihn vorher lesen zu müssen, wegwerfen kann.

Tipp Die Praxis zeigt, dass personalisierte Werbebriefe nicht unbedingt als lästig angesehen werden. Wie überall macht es die Dosis aus.

Eine Direktmailing-Aktion ist nicht abgeschlossen, wenn die Briefe verschickt sind. Sie muss bearbeitet und nachbearbeitet werden. Selbstverständlich müssen eingehende Bestellungen oder Fragen erledigt bzw. beantwortet werden. Hierzu kann auch gehören, dass nach der Auslieferung der Bestellung nochmals nachgefasst und die Zufriedenheit abgefragt wird. So erhält man auch Kenntnisse über einen weiteren Bedarf.

Auf der anderen Seite sollte auch überlegt werden, wie man mit den »Nicht-Reagierern« umgeht. Diese Frage stellt sich insbesondere im Neukundengeschäft, da das Mailing die einzige bisherige Möglichkeit der direkten Kontaktaufnahme war. Kann man hier nochmals telefonisch nachfassen? Soll man weitere Angebote mit Direktmailings schicken? In der Praxis wird es vielfach so gemacht, dass die Nicht-Reagierer nach drei vergeblichen Mailings aus der Liste gestrichen werden.

z.B. Die Rücklaufquoten von Direktmailings sind relativ. Je größer die Zielgruppe gefasst ist, desto niedriger ist der Rücklauf. Gleichzeitig gibt die Rücklaufquote nicht automatisch Aufschluss über den Aktionserfolg.

Ein Lotto-Systemanbieter verschickt personalisierte Briefe an eine Million Haushalte in einer Region. Die Rücklaufquote liegt unter einem Prozent. Ein Steuerberater lädt seine 130 Mandanten zu einer Informationsveranstaltung per Direktmailing ein. Hier beträgt die Rücklaufquote über 10 Prozent.

Wenn es im Einzelnen um das Thema Werbung geht, dann können noch viele weitere Maßnahmen aufgezählt werden: Schaufenster, Plakate, Flugblätter und Postwurfsendungen bis hin zu außergewöhnlichen Werbeaktionen wie Bodypainting.

! Werbung muss immer ein Ziel haben, nämlich den Transport einer Botschaft zum Empfänger. Werbung muss immer eine Reaktion beim Empfänger auslösen.

Bei allen Werbemaßnahmen sind die Zusammenhänge bezüglich der Wirkung, aber auch die Zusammenhänge bezüglich der damit ausgelösten Reaktionen zu beachten. Wenn Werbung für ein Produkt geschaltet wird, dann müssen entsprechende Mengen vorrätig sein. Auch die Mitarbeiter im Betrieb müssen entsprechend informiert sein. Fragen Sie ruhig bei Ihren Verkaufsmitarbeitern nach, welche Absatzmengen Sie für realistisch halten. Oft haben diese ein besseres Gespür dafür, da sie täglich im Kontakt mit den Kunden stehen.

Tipp Wenn Sie regelmäßig werben, dann informieren Sie Ihre Mitarbeiter zum Beispiel am schwarzen Brett über die aktuellen und nächsten Werbeaktionen. Wenn Sie mit Intranet arbeiten, können die Aktionen per Rundmail an die Mitarbeiter intern verbreitet und die dazugehörigen Informationen im Intranet hinterlegt werden.

Selber werben im Verkaufsgespräch

Keine Frage: Plakatwerbung, Anzeigen, ein tolles Erscheinungsbild – alles ist wichtig. Die beste Werbung für Ihr Unternehmen können jedoch Sie und Ihre Mitarbeiter machen. Menschen können Menschen am besten überzeugen.

! Jeder Kontakt mit Kunden und mit der Öffentlichkeit ist ein Verkaufsgespräch. Es kann sofort bis zum Ergebnis führen oder erst viel später. Beachten Sie deshalb immer Ihr Auftreten und Ihre Argumentationsweise.

Im Gegensatz zu anderen Formen der Werbung, stehen oder sitzen Sie Ihren potenziellen Kunden direkt gegenüber. Sie haben große Chancen, können jedoch auch schnell Fehler machen, die nicht mehr auszubügeln sind.

Tipp Um ein Verkaufsgespräch richtig führen zu können, begeben Sie sich bitte in die Situation des Kunden. Was erwarten Sie, wenn Sie einkaufen gehen oder bei einer Firma anrufen?

Das erwarte ich als Kunde beim Einkauf:

- ❑ Freundlichkeit
- ❑ Sympathie
- ❑ Fachwissen
- ❑ Kompetenz

Diese vier Punkte können sicherlich noch vielfältig ergänzt werden. Klar, dass wir uns über eine lächelnde Mitarbeiterin mehr freuen als über eine mürrische. Klar, dass wir mit manchen Verkäufern einfach »nicht warm« werden. Blicken Sie doch einfach mal auf Ihre letzten Einkäufe zurück. Wo hat es Ihnen gefallen? Wo werden Sie nicht so schnell wieder hingehen?
Ein strukturiertes Verkaufsgespräch arbeitet genau diese vier Aspekte Freundlichkeit, Sympathie, Fachwissen und Kompetenz ab. Die Übergänge sind zum Teil fließend bzw. gar nicht vorhanden. Freundlichkeit gehört eben vom Anfang bis zum Ende in ein Verkaufsgespräch.

z.B.

Verkaufen muss klar unterschieden werden von Verteilen und Aufschwätzen. Verteilen von Ware ist relativ einfach. Der Kunde kommt, sagt was er will und vom Verkäufer (Verteiler) wird ihm das Gewünschte gegeben. Der Kunde ist »anscheinend« gut informiert. Beispiel: Kiosk in der U-Bahn. Wird Ihnen etwas aufgeschwätzt, dann weiß der Verkäufer »offensichtlich«, was Sie brauchen. Den größten Nutzen zieht er daraus. Was Ihnen bleibt, ist hinterher die Erkenntnis, dass Sie über den Tisch gezogen wurden. Wollen Sie auch so ein Verkäufer sein? Beispiel: Zeitungswerber an der Haustür.

Die 4 Phasen im Verkaufsgespräch

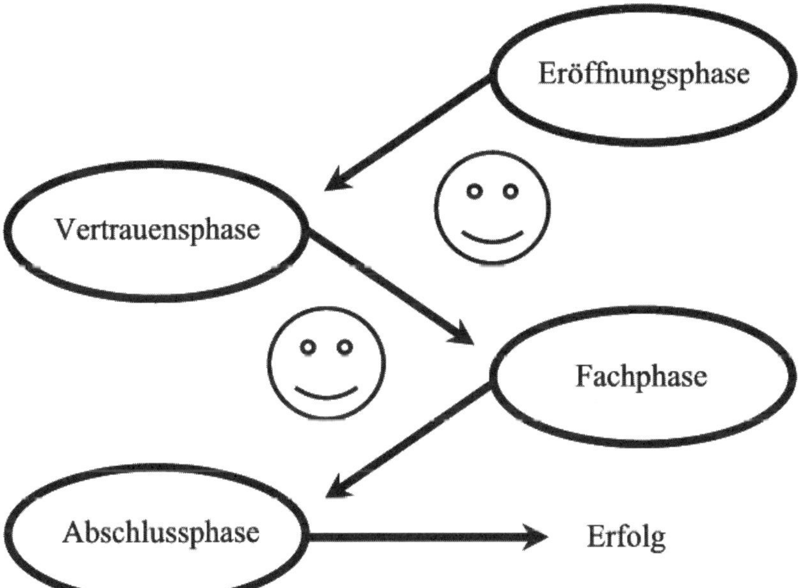

Eröffnungsphase: Hier ist der Blickkontakt mit den Kunden wichtig. Führen Sie Ihr Gespräch telefonisch, dann ist der Blickkontakt gleichbedeutend mit der Konzentration auf den Kunden. Es wird beim Telefonieren nichts anderes gemacht!
Begrüßen Sie den Kunden mit seinem Namen. Einen Vorteil haben Sie hier beim Telefon, wenn sich der Kunde meldet. Fragen Sie ruhig nach, wenn Sie den Namen nicht beim ersten Mal verstanden haben und notieren Sie ihn sich.
Helfen Sie den Kunden, indem Sie ganz offen fragen, was Sie für ihn tun können. So signalisieren Sie Ihre Einsatzbereitschaft. Ganz wichtig: Lächeln Sie, auch am Telefon!
Vertrauensphase: Hier geht es darum, eine Beziehung zum Kunden aufzubauen. Sie als Verkäufer müssen mit dem Kunden auf die gleiche Ebene kommen. Ist dies nicht der Fall, dann nützen in der nächsten Phase die besten Argumente nichts, denn diese laufen beim Kunden ins Leere.
In der Vertrauensphase wird der eigentliche Kundenwunsch ermittelt. Sie als Verkäufer stellen offene Fragen, also Fragen, auf die der Kunde nicht mit nein oder ja antworten kann, sondern die ihn zur ausführlichen Antwort bewegen. Aufgrund dieser Äußerungen legen Sie bereits jetzt Ihr Verkaufsziel fest. Alternativen haben Sie in dieser Phase schon vorgestellt und auch abgehakt.

! Ein guter Verkäufer zeichnet sich nicht dadurch aus, dass er gut reden kann. Ein guter Verkäufer muss gut zuhören können und auch die Signale zwischen den Zeilen erkennen.

Fachphase: Jetzt kommen Sie zur Sache. Sie stellen Ihr Verkaufsziel vor. Dieses lassen Sie den Kunden fühlen, spüren, ausprobieren. Obwohl wir hier in der Fachphase sind, sprechen Sie auf der Beziehungsebene. Auf dieser Ebene zeigen Sie die Vorteile des Verkaufsziels auf. Sie präsentieren auch andere Produkte und Dienstleistungen, machen aber deren Nachteile gegenüber dem von Ihnen gewählten Verkaufsziel deutlich. Achtung: Nicht aufschwätzen, sondern einen Nutzen bieten.

! Gerade hier ist die Freundlichkeit dem Kunden gegenüber wichtig.

Abschlussphase: Hier geht es darum, das Gespräch zum Erfolg zu führen. Durch gezielte geschlossene Fragen, auf die Ihr Kunde also nur mit ja oder nein antworten kann, geben Sie den Weg vor.
Achten Sie auf Signale der Kaufbereitschaft. Viel zu oft wird vom Verkäufer dann wieder von vorne angefangen, weil er selber unsicher ist. Typische Signale der Kaufbereitschaft sind, wenn die Kunden nach Zubehör, nach Service oder nach Details der Bedienung fragen. Jetzt will der Kunde kaufen. Helfen Sie ihm dabei. Nennen Sie nochmals die Vorteile und bestätigen Sie seine gute Wahl.
Jetzt haben Sie es geschafft. Sie dürfen sich freuen, jedoch den Kunden nicht aus den Augen verlieren. Bedenken Sie, der Grund Ihrer Freude ist der zufriedene Kunde. Verabschieden Sie sich vom Kunden, bedanken Sie sich und bieten Sie ihm weitere Hilfe an.

Tipp Egal, was Sie verkauft haben, Sie haben damit den Grundstein einer Beziehung zu einem anderen Menschen gelegt, diese gilt es auch weiterhin zu pflegen.

Aus Reklamationen Werbung machen

Reklamationen sind ein Zeichen dafür, dass etwas anders gelaufen ist, als es der Kunde erwartet. Es muss nicht zwangsläufig falsch gelaufen sein. Wenn der Koch meint, eine heiße Suppe in den Teller geschüttet zu haben, kann der Gast im Lokal die Suppe als zu kalt empfinden und diese reklamieren.
Reklamationen sind also die Reaktion auf Störungen zwischen Erwartung und Wahrnehmung. Würden Sie im Schnellrestaurant Tischdecken auf den Tischen erwarten? Wenn keine da sind, stört dies im wahrsten Sinne des Wortes keinen.
Tatsache ist leider auch, dass vielfach die Erwartung von Kunden höher geschraubt sind, als sie eigentlich sein dürften. Jedem müsste

doch klar sein, dass ein Spitzenprodukt, egal in welcher Branche, nur mit besten Materialien und bestens ausgebildeten Mitarbeitern entstehen kann. Folglich hat dieses Spitzenprodukt auch einen entsprechenden Preis.
Wenn dann ein augenscheinlich ähnliches Produkt einen viel niedrigeren Preis aufweist (Wahrnehmung), wird nicht automatisch auch die Erwartungshaltung nach unten geschraubt. Hier sind dann Reklamationen vorprogrammiert, weil die Wahrnehmung nicht der Erwartung entspricht. Sicher ist diese negative Bewusstseinsveränderung in unserer Gesellschaft ein Grund für zunehmende Reklamationen.

! Reklamationen, egal ob berechtigt oder unberechtigt, müssen von uns ernst genommen werden. Sie bieten die Chance Schwachstellen zu erkennen.

Die Erfahrung zeigt, dass je nach Branche im Schnitt nur jede zehnte Reklamation auch gegenüber den Lieferanten ausgesprochen wird. Leider ist es so, dass der Kunde diese »schlechte Nachricht« trotzdem nicht für sich behält. Während positive Nachrichten an drei bis fünf Personen weitergegeben werden, ist die Mund-zu-Mund-Propaganda bei negativen Nachrichten wesentlich ergiebiger. An 13 bis 20 Personen werden die schlechten Nachrichten übermittelt.

z.B. Prüfen Sie die Zahl doch mal bewusst bei sich nach. Wem haben Sie davon erzählt, als Sie mit etwas unzufrieden waren? Nicht nur in den Medien heißt es: »Bad news are good news«.

Reklamationen bearbeiten: Gerade weil schlechte Nachrichten so stark publiziert werden, muss es Ihr oberstes Anliegen sein, diese möglichst schnell aus der Welt zu schaffen. Dies können Sie, indem Sie nur vier Schritte bei der Bearbeitung von Reklamationen gehen.

1. Nehmen Sie sich Zeit für den Kunden.
- ❑ Reklamationen sind Chefsache. Sie ist so wichtig, dass sich der darum kümmert, der hier Entscheidungsgewalt hat.
- ❑ Reklamationen sind sofort zu behandeln. Wenn der Kunde warten muss, staut sich sein anfänglicher Unmut bis zur Aggression auf.
- ❑ Lassen Sie den Kunden ausreden. Jeder Vulkan hört irgendwann einmal auf zu sprudeln. Genauso geht es Ihrem Kunden. Irgendwann ist alles gesagt. Hören Sie zu.

> **!** Bei Ihnen kann der Kunde seinen Frust loswerden. Bieten Sie ihm diesen Nutzen.

2. Zeigen Sie Verständnis.
- ❑ Kommunikation ist nur möglich, wenn beide auf derselben Ebene sind. Begeben Sie sich auf die Ebene des Kunden und sehen Sie das Problem zuallererst aus seiner Sicht.
- ❑ Zeigen Sie Verständnis für die Reklamation, etwa so: »Ich kann Ihren Ärger verstehen.«

> **!** Der Kunde hat immer Recht. Natürlich gibt es auch hier Grenzen, doch dürfen Sie diese nicht sofort aufzeigen.

3. Fragen Sie nach den Ursachen.
- ❑ Ein Problem lässt sich nur lösen, wenn die Ursachen bekannt sind. Forschen Sie mit offenen Fragen nach. Dies gibt dem Kunden das Gefühl, ernst genommen zu werden.
- ❑ Machen Sie sich Notizen. Auch hier merkt der Kunde, dass Sie ihn ernst nehmen. Gleichzeitig haben Sie auch Beweismittel für die weitere Schadensverfolgung.

> **!** Bei einer Reklamation hat der Kunde das Wort. Mit gezielten Fragen können Sie aber das Gespräch lenken. Ihre erste Aufgabe ist es zuzuhören.

4. Zeigen Sie Entgegenkommen.

- ❑ Das Mindeste und oft auch das Einzige, was der Kunde erwartet, ist eine Entschuldigung. Diese kostet Sie keinen Cent. Mit einer Entschuldigung können Sie nur gewinnen.
- ❑ Lassen Sie den Kunden einen Lösungsvorschlag machen. Fragen Sie ganz bewusst nach, wie Sie ihm helfen könnten. Sie werden erstaunt sein.
- ❑ Kommen Sie dem Kunden so weit wie möglich entgegen. Wenn Sie wissen, was er will, dann setzen Sie noch eins drauf. Das überrascht ihn positiv.
- ❑ Fragen Sie später ruhig nochmal beim Kunden nach, ob jetzt alles in Ordnung ist.

! Bei einer Reklamation geht es nicht um Recht oder Unrecht. Von vornherein muss nur ein Ziel verfolgt werden, nämlich den Kunden zufrieden zu stellen. Im besten Fall begeistern Sie sogar den Kunden und sorgen so dafür, dass Ihr Kunde eine Reklameaktion durch positive Mund-zu-Mund-Propaganda für Sie macht.

Für Sie heißt es dann aber auch, intern die vom Kunden aufgezeigten Schwachstellen zu finden. Man muss einen Fehler nicht zweimal machen. Hier geht es darum festzustellen, wo und warum die Fehler gemacht wurden, und nicht auf den zu zeigen, der die Fehler gemacht hat.

Tipp Systematisieren Sie Ihre Reklamationsbearbeitung. Nehmen Sie die Reklamationen regelmäßig zum Anlass, zum Beispiel bei Mitarbeiterbesprechungen, die Schwachstellen ausfindig zu machen.

Reklamationen bieten also die Chance, Fehler auszuräumen und den Kunden den versprochenen Nutzen zu bieten. Reklamationen bieten zudem die Chance, selber weiterzulernen. Gerade dieser Aspekt des ständigen Weiterlernens muss heute mehr denn je beachtet werden.

In der japanischen Volkswirtschaft wird die ständige Verbesserung als »Kaizen« beschrieben. Wobei »kai« für ändern steht und »zen« für das Gute. Hierbei geht es nicht um sprunghafte Veränderungen durch ständige Neuerungen hin zum Guten. Nein, es geht beim Kaizen um eine schrittweise Perfektionierung und Optimierung des Vorhandenen.
Jeder Mitarbeiter und natürlich auch die Unternehmensführung müssen ständig bemüht sein, sich Gedanken über Verbesserungen im eigenen Unternehmensumfeld zu machen. Die Betriebsblindheit lässt jedoch oft manches Problem und dann logischerweise die damit verbundene Lösung nicht erkennen. Kunden, die reklamieren, öffnen uns die Augen. Wir müssen dann nur noch schauen, erkennen und handeln.
Zusammenfassung: Werbung heißt, dass Sie jemandem Ihre Vorzüge aufzeigen. Wichtig ist dabei zum einem, dass Sie die Vorzüge denen aufzeigen, die Ihre Zielgruppe sind. Dann muss Ihre Botschaft natürlich ankommen. Sie müssen auf derselben Ebene wie Ihre Zielgruppe sein, damit die Botschaft aufgenommen wird. Selbst bei Reklamationen von Kunden können Sie werben: Ein zufriedener oder sogar begeisterter Kunde macht die beste Werbung.

Kunden binden – Marketing

Das ist Marketing

Jeder kennt die Formulierung »Der Kunde ist König«. Diese altbekannte Maxime wird besonders in Japan umgesetzt. Dort spielt der Servicegedanke eine wesentliche Rolle. Da der Kunde – durch seine Kaufentscheidung – über Leben und Sterben von Unternehmen entscheidet, wird von japanischen Ökonomen sogar die Formulierung »Der Kunde ist Gott« verwendet.
Marketing vereint die gesamten Bestrebungen des Unternehmens im Hinblick auf den Kunden. Aus dem englischen Begriff market = Markt entstanden, werden damit alle Aktivitäten bezeichnet, die am Markt

ausgerichtet sind. Wenn dann von Marketing die Rede ist, wird an mehr als nur an Werbung gedacht. Genauso wie eine Waage mit geeichten Gewichten ausgerichtet wird, muss jedes Unternehmen seine gesamten Aktivitäten durch Marketing am Markt ausrichten.

! Im Marketing werden die vier Faktoren Produkt/Dienstleistung, Preis, Vertrieb und Information auf den Markt ausgerichtet.

Sinn und Zweck Ihres Unternehmens ist es, die Bedürfnisse Ihrer Kunden zu befriedigen. Von den Kunden leben Sie. Ihnen geht es nur gut, wenn die Kunden mit Ihnen und Ihren Leistungen zufrieden sind. Zufriedene Kunden garantieren Ihren Erfolg; sie werden nicht geboren, sondern gemacht.

z.B. Es gibt Unternehmer, die kennen das Wort Marketing gar nicht, trotzdem machen Sie täglich Marketing und haben somit geschäftlichen Erfolg. Ein Partykoch kommt in die Haushalte seiner Kunden und kocht dort für sie und deren Gäste. »Marketing brauche ich nicht«, sagt der Koch. Er habe ja gut zu tun.

Wenn man ihn dann beobachtet, sauber angezogen, technisch gut ausgestattet und immer einen lockeren Spruch auf den Lippen, erkennt man sein Marketing. Seine Kunden sind so begeistert, dass sie ihn weiterempfehlen. Klar, dass er dann keine Werbung durch Anzeigen oder Direktmailings mehr braucht.

Marketing ist das Leitwort dafür. Viele kleine und große Maßnahmen sind nötig, um dies täglich umzusetzen. Es ist keine einmalige Aufgabe. Es ist auch nicht die Aufgabe einer einzigen Person oder Abteilung. Marketing muss täglich von allen gelebt werden. Marketing heißt, den Kunden in den Mittelpunkt des Betriebsgeschehens zu rücken.

Ihr Standort auf dem Marktplatz

Um etwas planen zu können, sind zwei Voraussetzungen nötig: Wir müssen wissen, wo wir sind. Und wir müssen wissen, wo wir hinwollen. Wenn Sie eine Route auf der Straßenkarte suchen, kennen Sie ihren Standort und Ihr Ziel. Wenn Sie sich aber bereits verfahren haben und nicht genau wissen, wo Sie sind, dann wird es schwieriger die Route zum Ziel zu finden.
Also heißt die erste Aufgabe zu prüfen, wo Sie gegenwärtig stehen. Hier ist nicht Ihre persönliche Meinung gefragt. Vielmehr müssen Sie als Erstes Ihr Unternehmen aus dem Blickwinkel Ihrer Kunden betrachten. Wenn es darum geht, Ihren unternehmerischen Status quo zu bestimmen, müssen Sie auch schauen, wo die Mitbewerber stehen. Nur so können Sie klar feststellen, wo Ihr Unternehmen gegenwärtig platziert ist und wie es um die Chancen bestellt ist.

Tipp Informationen über Mitbewerber erhält man oft auch von Vertretern. Vorsicht: Wer etwas über andere sagt, der sagt auch etwas über Sie aus.

Planen Sie erst noch die Gründung eines Unternehmens, dann müssen Sie zuerst den Markt mit den Augen Ihrer künftigen Kunden beobachten. In den allermeisten Fällen sind bereits Akteure, also weitere Unternehmen in Ihrem Markt aktiv. Ihre Aufgabe ist es zu prüfen, wie diese sich positioniert haben und ob hier noch Platz für Sie ist.

z.B. Das Stichwort »noch Platz« sollten Sie aber relativ sehen. Im Bäckerhandwerk haben in den letzten Jahrzehnten jährlich Betriebe geschlossen. Der Markt war anscheinend gesättigt. Doch plötzlich wurden – oft von völlig Branchenfremden – die bereits erwähnten Backdiscounter eröffnet. Diese haben auch Brötchen und Brot angeboten, jedoch mit einem ganz anderen Konzept: Teiglinge im Laden frisch aufgebacken, Selbstbedienung und ein spartanisches Ambiente. Ziel: günstige Backwaren den ganzen Tag über frisch anbieten. In einem augenscheinlich gesättigten Markt wurde eine ganz neue Zielgruppe (günstig einkaufen) gefunden.

Den Markt zu beobachten und Trends aufzuspüren ist eine der Grundlagen des Marketings. Wenn Sie schon vor Ihren Kunden wissen, was diese eigentlich wollen, dann können Sie agieren. Am Ende werden Sie so die Kunden begeistern.
Prüfen Sie anhand folgender Checkliste Ihr Unternehmen aus der Sicht der Kunden:

1. Unternehmen
- ❑ Image/Unternehmenskultur: Was wird wahrgenommen?
- ❑ Marketing/Kommunikation: Was kommt beim Kunden an?
- ❑ Garantie/Kulanz/Beschwerdemanagement: Was weiß der Kunde davon?
- ❑ Referenzen: Weiß der Kunde, für wen wir alles tätig sind?

2. Mitarbeiter
- ❑ Auftreten/Verhalten/Freundlichkeit: Wie werden die Mitarbeiter wahrgenommen?
- ❑ Kompetenz: Kennen die Kunden die fachliche und soziale Kompetenz unserer Mitarbeiter?
- ❑ Verlässlichkeit/Termintreue: In welchem Maße werden zugesagte Termine eingehalten?

3. Produkte/Dienstleistungen

- ❑ Sortiment/Auswahl/Alternativen: Bieten wir wirklich an, was die Kunden wollen?
- ❑ Glaubwürdigkeit/Vertrauen: Vertrauen uns die Kunden?
- ❑ Materielles Umfeld/Arbeitsmittel: Wie treten wir beim Kunden auf?
- ❑ Nutzen/Erfolg Preis-Leistungs-Verhältnis: Erkennen die Kunden den Nutzen?
- ❑ Sicherheit/Zuverlässigkeit: Erkennen die Kunden die Sicherheit, die wir Ihnen bieten?

Diese Fragen können Sie für Ihr Unternehmen stellen, aber auch für die Unternehmen Ihrer engsten Mitbewerber. Doch woher bekommt man die Antworten? Bei Großunternehmen ist es ganz einfach. Es wird einfach eine Studie in Auftrag gegeben. Dies können Sie nicht oder nur beschränkt.

Tipp Immer wieder sind Studenten auf der Suche nach Themen für ihre Diplomarbeiten. Thema könnte dann eben sein, dass diese Ihr Unternehmen aus der Sicht der Kunden unter die Lupe nehmen. Für Sie relativ kostengünstig, wenn nicht sogar kostenlos!

So erkennen Sie, wie Kunden Ihr Unternehmen sehen:

- ❑ Kaufen Sie selbst mal ein. Rufen Sie mal an.
- ❑ Fragen Sie bei Reklamationen des Kunden nach.
- ❑ Verteilen oder verschicken Sie Fragebögen.
- ❑ Lassen Sie Interviews von Kunden durch neutrale Personen durchführen.
- ❑ Betreiben Sie regelmäßig Testkäufe durch anonyme Personen (Mysterie Man).

z.B. Der Inhaber eines Fleischereibetriebes mit mehreren Filialen verkauft regelmäßig in seinen Filialen mit. Hierzu geht er ganz willkürlich in eine der Filialen und stellt sich hinter die Theke. So findet er direkten Kontakt zu den Kunden. Gleichzeitig macht er so aber auch Werbung für sein Unternehmen, weil die Kunden sehen, wer eigentlich hinter dem Namen steckt. Dies schafft Sympathie und Vertrauen.

Auch wenn Sie in Ihrem Unternehmen Kundenbegeisterung erkennen können, muss diese täglich neu erarbeitet werden. Ein Kind ist am ersten Tag von einer neuen Diddl-Maus begeistert. Am nächsten Morgen liegt die Diddl-Maus schon in der Ecke. Das Spielzeug ist alltäglich geworden. Ähnlich ist es auch mit der Kundenbegeisterung, Sie muss täglich mit neuem Leben gefüllt werden.

Tipp Überraschen Sie regelmäßig Ihre Kunden. Die Begeisterung ist dann am größten, wenn die Überraschung nicht erwartet wurde. Sie können jeder Kundin am Muttertag eine Rose schenken. Das machen viele. Sie können aber zu ganz außergewöhnlichen Anlässen – zwei Wochen Regen, hier ein kleiner Trost – jeder Kundin eine Blume schenken.

Begeisterte Kunden (Fans)

- geben mehr Geld pro Einkauf aus,
- kommen häufiger/regelmäßig und bieten dadurch öfter Verkaufschancen,
- nutzen auch Ihre Zusatzleistungen,
- bleiben Ihnen länger treu,
- kaufen nicht oder nur wenig bei Ihren Mitbewerbern,
- empfehlen Sie aktiv weiter,
- schauen weniger auf den Preis.

Mit neuen Ideen können Sie also durchaus Leben in einen gesättigten Markt bringen. Wichtig ist immer, dass Sie den Kundennutzen im Auge behalten. Nur wenn dieser stimmt, können Sie Erfolg haben.

Marketing planen

Operative Hektik ist geistige Windstille. Durch Planung, also geistige Vorbereitung, kann operative Hektik minimiert werden. Ich sage bewusst minimiert, da es zum einen Faktoren gibt, die sich nicht planen lassen bzw. die in der Planungsphase noch unvorhersehbar sind. Zum anderen darf Planung auch nicht der Hemmschuh für Spontaneität sein.

z.B. Wenn Sie ein Einzelhandelsgeschäft haben, dann können Sie Ihren Aktionsplan nach zwei Seiten ausrichten. Nutzen Sie zum einen Anlässe wie Ostern, Halloween, Weihnachten oder auch das Stadtfest in Ihrer Stadt als Aufhänger für Aktionen. Nahezu alle Aktionen für derartige Anlässe lassen sich über längere Zeit vorausplanen.
Weihnachten wird es mit nahezu hundertprozentiger Sicherheit auch im nächsten Jahr geben. Planen Sie also rechtzeitig. In Planung gesteckte Energie halbiert die zur Ausführung nötige.
Zum anderen sollten Sie auch Aktionen außerhalb gewichtiger Anlässe durchführen. Dies hat mehrere Vorteile. Sie können umsatzschwächere Zeiten ausgleichen. Sie schaffen es, die Aufmerksamkeit besonders auf Ihren Betrieb zu ziehen. Und: Sie können in Ruhe planen.
Gleichzeitig sollten Sie sich auch die Freiheit nehmen, spontan geplante Aktionen durchzuführen.

Marketingplanung heißt, den Weg vom Ist-Zustand zum Ziel zu bestimmen. Der theoretische Anspruch – wir wollen höchstmöglichen Nutzen für unsere Kunden bieten – muss in die Praxis umgesetzt werden. Hierbei gilt es wieder, alle unternehmerischen Leistungen auf

den Markt auszurichten. Marketingplanung ist also mehr, als nur einen Plan für künftige Anzeigenschaltungen aufzustellen.
Ich will Ihnen hier keine absolut starren Vorschriften machen, wie ein Marketingplan aussehen soll. Marketing ist ja auch Kreativität. Entwickeln Sie den Plan genau nach Ihren Ansprüchen. Beachten Sie jedoch nachfolgende Checkliste:

Checkliste: Marketingplanung

- ❑ Es sind klare und realistische Marketingziele formuliert.
- ❑ Finanzielle Zielvorgaben wie der Cashflow, der Deckungsbeitrag, der Nettogewinn, die Investitionen und die Kapitalrendite sind berücksichtigt.
- ❑ Es sind für alle Bereiche Soll-Zahlen und Termine festgelegt.
- ❑ Die Zielmärkte/Zielgruppen sind plastisch dargestellt.
- ❑ Die Eigenschaften und Gewohnheiten der Kunden sind berücksichtigt.
- ❑ Die Stärken und Schwächen des Unternehmens, aber auch seiner Mitbewerber sind klar festgehalten.
- ❑ Marktforschung und Produktentwicklung werden betrieben.
- ❑ Es sind mehrere Alternativen (ungünstigerer Fall, günstigerer Fall) vorhanden.
- ❑ Eine Aufgabenliste ist erstellt, mit der die Marketingziele umgesetzt werden.
- ❑ Die Aufgaben sind konkreten Personen zugeordnet, die dafür Verantwortung tragen.

Marketingplanung ist für uns also die Wegbeschreibung von unserem heutigen Standort zu unserem Ziel. Moderne Routenplaner in den Autos können uns helfen, unser Ziel zu erreichen. Es müssen nur Standort und Ziel eingegeben werden. Das Navigationssystem sucht dann einen Weg; bei Staus werden Alternativrouten ermittelt. Genauso muss auch Ihr Marketingplan funktionieren.

Ideen sind gefragt

Marketing planen und betreiben heißt vor allem auch, ganz konkrete Maßnahmen durchzuführen. Hier sind Ideen gefragt, denn es geht ja darum, Aufmerksamkeit zu erzeugen, Wünsche zu wecken und den Kunden zu Handlungen (Kauf, Weiterempfehlung) zu animieren.
Um Aufmerksamkeit zu erzeugen, muss die Arbeitsweise des menschlichen Gehirns beachtet werden. Wir denken in Bildern. Dies erkennen Sie zum Beispiel, wenn Erstklässler beim Rechnen mit kleinen Bausteinen die Zahlen legen und dann aufgrund dieses so gelegten Bildes das Ergebnis erkennen können.

z.B.

Ein Bild – so zumindest die Meinung des Volksmundes – sagt mehr als tausend Worte. Diese nicht gerade neue Erkenntnis wird täglich in den Printmedien umgesetzt. Zeitschriften wie *Focus* oder die *Bild-Zeitung* setzen extrem auf die Macht von Bildern. Gerade bei Letzterer können auch Überschriften als Bild betrachtet werden. Kurze, knackige Sätze (manchmal nicht gemäß den Rechtschreibregeln) werden vom Leser leichter aufgenommen als kleine Überschriften und ein »Buchstabenfriedhof«.
Diesem Medientrend folgt die neu auf den Markt gekommene Monatszeitschrift *View* in besonderem Maße. In Anlehnung an das Werbemotto »Fakten, Fakten, Fakten« kann hier sicherlich gesagt werden »Bilder, Bilder, Bilder«.

Erscheinungsbild

Im Marketing heißt dies, das Erscheinungsbild des Unternehmens klar zu positionieren. In diesem Zusammenhang spricht man von Corporate Design. Fälschlicherweise wird Corporate Design (CD) oft als Corporate Identity (CI) bezeichnet.

! Corporate Design ist das gesamte visuelle Erscheinungsbild eines Unternehmens. Dazu gehören sowohl die Kommunikationsmittel (Logo, Werbetafeln, Geschäftspapier, Werbemittel etc.) als auch das Produktdesign. Ziel des ganzheitlichen visuellen Erscheinungsbildes ist es, bei jedem Kontakt einen Wiedererkennungseffekt zu erreichen.
Corporate Design ist ein Teil der Corporate Identity. Neben dem Erscheinungsbild (harte Faktoren) fließen hier auch das Selbstverständnis des Unternehmens (weiche Faktoren) mit ein.

Mit dem Corporate Design geben Sie Ihrem Unternehmen also ein Gesicht. Früher erfolgte die Außendarstellung eines Unternehmens durch die Person des Unternehmers. Der persönliche Auftritt des Unternehmers war eng mit dem Erscheinungsbild des Betriebes verbunden. Dies sollte oder muss sogar heute wieder so sein.

z.B. »Dafür stehe ich mit meinen guten Namen«, sagt Claus Hipp. Als Hersteller von Babykost, also hochsensiblen und mit viel Emotionen (für mein Baby nur das Beste) verbundenen Produkten, wirbt er so für Vertrauen.
Eine Idee, die nicht nur Konzerne umsetzen können. Gerade als kleines und mittelständisches Unternehmen haben Sie die besten Möglichkeiten, durch Ihre Person für Vertrauen bei den Kunden zu werben. Statt Anonymität können Sie Persönlichkeit bieten.

Ein nach innen und außen einheitliches visuelles Erscheinungsbild muss jedoch heute noch weitergehen. Immer mehr Informationen überfluten uns täglich. Mit zig Mitbewerbern aus den verschiedensten Bereichen buhlen Sie um die Aufmerksamkeit der Kunden.
Ihr Erscheinungsbild muss immer mit den inneren Werten Ihres Unternehmens im Gleichklang stehen. Wie würde es zusammenpassen, wenn ein Mann im Smoking zu einem Fest kommt und sich überhaupt nicht benehmen kann? Die erste Wahrnehmung (Smoking)

und die zweite Wahrnehmung (Auftreten) passen nicht zusammen. Es kommt zum förmlichen Bruch. Das in den Smoking investierte Geld ist unnütz ausgegeben. Visuelles Erscheinungsbild, verbunden mit den Unternehmenswerten wird als Corporate Identity (CI) bezeichnet. Hier fließen also das sichtbare Unternehmensbild mit den spürbaren Unternehmenswerten zu einem Gesamteindruck zusammen.

z.B. Achtung, Fahrer von Firmenfahrzeugen mit Werbeaufschrift! Nicht nur Ihr Fahrzeug ist eine Visitenkarte Ihres Unternehmens, sondern auch Ihre Art und Weise zu fahren und zu parken. Wen wundert es, wenn die Kunden über ein Unternehmen negativ sprechen, wenn dessen Fahrer wie die Rüpel auf der Straße unterwegs sind?

Ihr Erscheinungsbild muss also immer mit Ihrem Unternehmensziel im Einklang stehen. Sie müssen sich also immer fragen, welche Werte durch »das Bild Ihres Unternehmens« vermittelt werden sollen.

Presse- und Öffentlichkeitsarbeit

Ihr Bild in der Öffentlichkeit können Sie aber auch durch Presse- und Öffentlichkeitsarbeit prägen – oder prägen lassen. Sicher ist die erste Möglichkeit die Erfolg versprechende. Hier können Sie bewusst Einfluss nehmen auf das Bild, das die Öffentlichkeit und somit auch Ihre Kundschaft von Ihnen hat.

! PR, also Public Relations (= Öffentlichkeitsarbeit) kann als das bewusste, geplante und dauerhafte Bemühen bezeichnet werden, Verständnis und Vertrauen in der Öffentlichkeit aufzubauen und zu pflegen.

PR hat sich in den letzten Jahrzehnten immer weiterentwickelt. Im gleichen Maße wie sich die Medien verbreiteten – 1970 gab es lediglich zwei Fernsehprogramme in Deutschland – hat auch die Bedeutung von Öffentlichkeitsarbeit zugenommen. PR ist auch weit mehr als reine Pressearbeit. Wer nur Pressemeldungen an die Redaktionen verschickt, der betreibt Pressearbeit. Wer aber mit der Öffentlichkeit auf vielfältige Weise kommuniziert, der betreibt Öffentlichkeitsarbeit.

z.B. Jungunternehmer Rüdiger S. ist Teilnehmer einer öffentlichen Diskussionsveranstaltung zum Thema Ausbildung. Er meldet sich zu Wort und wird im Pressebericht der Tageszeitung zitiert. Das ist Öffentlichkeitsarbeit, die im kleinen Kreis (Veranstaltung) begann und im größeren Rahmen (Presseerwähnung) ihre Fortsetzung fand.

PR fand starke Verbreitung als Instrument von Vereinen, Parteien und Verbänden. In der Wirtschaft nutzten es vornehmlich Großunternehmen. PR in den 70er und 80er Jahren des letzten Jahrhunderts ließ sich so zusammenfassen: »Tue Gutes und sprich darüber.« In den 90er Jahren hieß der Leitspruch der PR: »Sprich über das, was du tust.«
PR ist eben mehr, als nur »klinisch reine Nachrichten« aus dem Unternehmen zu verschicken. Die Zeiten sind zum einem nicht immer sehr rosig. Zum anderen will gerade deshalb die Öffentlichkeit ehrliche Informationen.

Tipp Öffentlichkeitsarbeit muss heute jedes Unternehmen betreiben. Sagen Sie offen und ehrlich, was Ihnen auf den Nägeln brennt. Liefern Sie der Öffentlichkeit Geschichten. Lassen Sie so jeden an Ihrem Unternehmen teilhaben. Die Menschen sind nun mal neugierig.

Multiplikator Ihrer Informationen können dann die Medien sein. Also ist PR doch Pressearbeit? Richtig, sie ist ein Teil davon. Richtig ist auch, dass sie ein ganz wichtiger Teil ist. Mit einem Tag der offenen Tür erreichen Sie sicherlich sehr viele Menschen, die zu Ihnen kommen. Es gibt aber auch Menschen, die können oder wollen sich nicht auf den Weg machen. Diese und natürlich auch Ihre Besucher erreichen Sie am besten über die Medien.

So kommen Sie in die Tageszeitung

Sie bieten eine aktuelle Nachricht: Die Nachricht muss neu oder bezogen auf einen Anlass entsprechend aktuell sein.

z.B. Sie nehmen das neue Ausbildungsjahr (Beginn 1. September) zum Anlass. Mit einem Foto Ihrer neuen Auszubildenden stellen Sie Ihre Ausbildungsanstrengungen vor. Sie stellen aktuelle Zahlen aus Ihrem Betrieb, gepaart mit allgemeinen Zahlen zusammen und schicken Text und Bild einige Tage vor dem 1. September an den zuständigen Mitarbeiter in der Lokalredaktion.

Seien Sie ehrlich und zuverlässig: Wer täuscht, der enttäuscht. Seien Sie gegenüber den Medien offen. Journalisten sind Zeitgenossen wie alle anderen Menschen. Berührungsängste sind nicht angebracht. Nur die wenigsten sind »Sensationsjournalisten« und wollen Sie ausnehmen.

z.B. Ein in Insolvenz gegangenes Unternehmen hat sofort nach dem Gang zum Insolvenzrichter die beiden örtlichen Tageszeitungen unterrichtet. Mit Hinweis auf die noch laufenden Geschäfte bat man, vorerst nicht über die Insolvenz zu berichten. Das Unternehmen wollte Mitarbeiter und Kunden selbst informieren. Im Gegenzug wurde der Presse versichert, dass diese später umfassend die Gründe und Auswirkung der Insolvenz genannt bekommen würde. Dies ist dann auch geschehen.

Erleichtern Sie den Medien die Arbeit: Auch Journalisten sind bequem. Wird eine Meldung mundfertig geliefert, ist die Wahrscheinlichkeit eines Abdrucks höher, als wenn Sie nur anrufen und sagen, es solle mal jemand vorbeikommen.

Tipp Fragen Sie vorab, wie Meldungen am besten geliefert werden sollten. Für den Erstkontakt empfiehlt sich ein persönlicher Besuch. Bilder und Texte können in der Regel digital angeliefert werden (E-Mail). Bitte technische Details zum Beispiel zur Bildauflösung erfragen.

Eine andere Möglichkeit der Öffentlichkeitsarbeit sind redaktionelle Beiträge, die vom Auftraggeber bezahlt werden. Am leichtesten wird dies erkannt, wenn der Beitrag als »Textanzeige« oder »Image-Beitrag« gekennzeichnet ist. Hier haben Sie freie Hand bei der Inhaltsgestaltung. Sie zahlen aber auch dafür.
Insbesondere im Bereich der Fachzeitschriften ist es heute üblich geworden, dass die Veröffentlichung von gelieferten redaktionellen Beiträgen mit der Schaltung von Anzeigen verbunden ist. Hier obliegt es jedoch der Redaktion, inwieweit der redaktionelle Beitrag als reine Werbung gebracht wird oder ob noch objektive Betrachtungsweisen erkennbar sind.

z.B. Ein Existenzgründungsberater schenkt seinen Gründern eine »Text-Bild-Anzeige« zur Eröffnung. Der Berater kümmert sich um ein Bild des Gründers, erstellt einen professionellen Text und schaltet in Absprache mit dem Gründer die Text-Bild-Anzeige. Im Text steht nur ein einziger Satz, in dem erwähnt wird, dass Herr Berater T. bei der Gründung geholfen hat. Hinter dem Namen des Beraters steht in Klammern seine Telefonnummer.

Bei der Erstellung eines Pressetextes sollten Sie folgende fünf Punkte beachten:

1. *Textgestaltung:* Fragen Sie beim ersten Pressekontakt ruhig in der Redaktion nach, wie der Text technisch abgeliefert werden soll. Halten Sie sich an den Stil der jeweiligen Zeitung.
2. *Inhaltliche Aufmachung:* Setzen Sie zwei bis drei prägnante Überschriften. Der erste Absatz sollte eine kurze Zusammenfassung der

wichtigsten Aspekte bringen. Halten Sie die KISS-Regel ein: Keep it short and simple – schreiben Sie kurz und einfach. Schreiben Sie in der dritten Person. Lockern Sie mit Zitaten den Text auf.

3. *Fotos:* Die Kernaussage Ihres Textes sollte durch ein Bild ergänzt werden. Detailfotos zeigen eher das Wesentliche als gestellte Großaufnahmen. Personen bringen Leben in die Fotos. Erstellen Sie zu den Fotos Bilduntertitel mit einer kurzen Beschreibung.
4. *Terminplanung:* Beachten Sie Redaktionsschluss und Vorlaufzeiten. Finden Sie vorab schon den oder die richtigen Ansprechpartner in der von Ihnen ausgesuchten Zeitung.
5. *Rechtliche Aspekte:* Am Schluss einer Pressemeldung sollte neben dem Datum ein Hinweis auf die Copyrightfreiheit stehen. Die Redaktion kann den Text dann honorarfrei abdrucken.

> **!** Namen sind Fakten! Jeder liest gerne seinen Namen in der Zeitung. Bitte beachten Sie unbedingt die korrekte Schreibweise. Nennen Sie den Vornamen und den Namen sowie mindestens einmal die konkrete Bezeichnung. Beachten Sie auch bei Bildunterschriften die richtige Aufführung der Namen. Verbinden Sie wörtliche Rede mit den Personen im Text.

Neben den öffentlichen Medien können Sie natürlich auch selber Presse spielen. Dies kann sowohl nach innen (Hauszeitschrift, Mitarbeiterzeitung) als auch nach außen (Kundenzeitschrift) geschehen. Vorteil ist hierbei, dass Sie die Inhalte steuern und auf Ihre konkreten Ziele ausrichten können. Bei beiden Medien steht jeweils die Information im Vordergrund, verbunden mit dem Wunsch, Vertrauen und Sympathie zu erzielen.

Das kann zum Beispiel Inhalt einer Mitarbeiterzeitschrift sein:

- ❑ Geschehnisse aus dem Unternehmensalltag
- ❑ Erfolge des Unternehmens und seiner Mitarbeiter
- ❑ Vorstellung von Mitarbeitern (auch privat und mit Hobbys)

- ❑ Geplante Aktivitäten und Maßnahmen zum Beispiel in der Werbung
- ❑ Infos aus dem Bereich des Verbesserungswesens

Hauszeitschriften sind eigentlich die logische Fortführung des »schwarzen Bretts«. Noch einen Schritt weiter geht man, wenn von der Papierform auf die digitale Form umgestellt wird. Dies kann ein Kostenvorteil sind (keine Druckkosten), gleichzeitig kann aber auch die Verbreitung beschränkt werden. Eine Hauszeitschrift kann auch von Familienangehörigen der Mitarbeiter gelesen werden, wenn diese auf Papier vorliegt. Erscheint sie im wahrsten Sinne des Wortes nur auf dem Bildschirm des Arbeitsplatzes, dann ist die Reichweite begrenzt. Kundenzeitschriften sollten weit mehr als nur Werbezettel sein. Hier haben Sie die Chance, neben rein fachlichen Informationen auch Emotionen zu vermitteln. Möglich ist dies durch Einblicke in das Unternehmen und Einblicke bei Ihren Kunden. So kann über die Kundenzeitschrift das gewünschte Image transportiert werden.

Tipp Mitarbeiter- und Kundenzeitschriften sollten sowohl in gedruckter Form (z.B. Laserdruck bei Kleinauflagen) wie digital als PDF-Datei vorliegen. Diese kann dann auch im Internet bereitgestellt werden.

Zusammenfassung: Alle Maßnahmen Ihres Unternehmens sind Marketing. Alles was der Markt aus Ihrem Unternehmen an positiven und negativen Tatsachen zur Kenntnis nimmt, ist Marketing. Durch gezielte Planung können Sie Ihr Marketing steuern. Das Auftreten Ihres Unternehmens im visuellen Bereich (Corporate Design) und darüber hinaus durch die gezeigten Werte (Corporate Identity) macht Eindruck bei den Kunden. Heute ist es zudem wichtig, durch gezielte Öffentlichkeitsarbeit Sympathien für sich und sein Unternehmen zu gewinnen.

Kunden zu Partnern machen

Keiner hat mehr den Durchblick

Es ist keine Frage, dass Werbung und Marketing wichtig sind. Doch geht es Ihnen nicht auch so, dass man oft eigentlich keine Werbung mehr sehen und hören will? Experten schätzen, dass 75 Prozent der Werbung ungehört verhallt. Fühlen Sie sich nicht auch selber das eine oder andere Mal bei einer Kaufentscheidung überfordert? Die Welt um uns herum dreht sich immer schneller. Wir können und wollen kaum noch mithalten.
Rückzugsmöglichkeiten können dann die Familie und die Freunde sein. Doch selbst dort finden viele nicht das, was sie suchen. Für uns Unternehmer ist dies eine riesengroße Chance. Wir können unseren Kunden bieten, wonach sie suchen: Vertrauen und Verlässlichkeit, letztlich also eine Partnerschaft.

! Partnerschaft, das heißt auf gleicher Augenhöhe miteinander reden. Partnerschaft heißt nicht, dass einer der »Partner« die Schwächen des anderen für die eigenen Ziele ausnutzt. Eine Partnerschaft ist dann erfolgreich für alle, wenn jeder geben und nehmen darf. Eine Partnerschaft erkennen wir dann, wenn sich alle als Gewinner (oder auch manchmal als Verlierer) fühlen.

Partnerschaft heißt, sich auf den anderen verlassen zu können. Ich als Kunde höre dann eben auf eine Empfehlung meines Lieferanten, weil ...
... *ich nicht mehr durchblicke:* Eine Fülle an Informationen strömt auf uns ein. Wir sind mental, aber auch auf Grund eines fehlenden oder eines zu geringen technischen Sachverstandes nicht mehr in der Lage, die Informationen zu sortieren.

z.B. Es ist heute nahezu unmöglich, als normaler Computernutzer Preisvergleiche bei PCs oder Notebooks anzustellen. Selbst Technik vom selben Hersteller wird bei verschiedenen Anbietern mit unterschiedlichen Produktnummern und -namen vertrieben.

... ich keine Werbung mehr sehen kann: Die Informationskanäle sind alle dicht. Selbst relativ neue Medien wie E-Mail-Newsletter werden kaum mehr beachtet. Die Werbung in der Wochenendausgabe der Tageszeitung nehme ich nur noch als Anzeigenfriedhof wahr.

z.B. Die Erfolgsquote von Direktmailings liegt im Durchschnitt im einstelligen Bereich. Einer persönlichen Empfehlung wird dagegen weit eher Folge geleistet.

... ich kein Risiko eingehen will: Das Sicherheitsbedürfnis wächst, je mehr auf der anderen Seite die Schnelllebigkeit unserer Gesellschaft zunimmt. Fehler kann sich keiner leisten.

z.B. Das Bundesamt für Sicherheit in der Informationstechnologie hat allein im zweiten Halbjahr 2004 über 7.300 Wurm- und Virenvarianten im Internet festgestellt. Diese Bedrohung wird allerdings erst von rund 25 Prozent der Unternehmen ernst genommen. Sie setzen entsprechende Technik zum Schutz ein. Die Tendenz ist allerdings steigend. Anbieter von Hard- und Software für diesen Bereich boomen.

... ich mich auf mein Gefühl verlasse: Wir wissen heute, dass selbst in höchsten Managementetagen Kauf- und Investitionsentscheidungen überwiegend emotional getroffen werden. Zur Rechtfertigung der Entscheidung zieht man dann rein fachliche Argumente heran.

z.B. Aus ernährungsphysiologischer Sicht spricht mehr dagegen als dafür, bei Mc Donalds und in anderen Schnellrestaurants zu essen. Obwohl immer mehr dieser Lokale eröffnen, war es bis vor einigen Jahren nicht schick, dort zu essen. »Die Läden sind voll, aber keiner geht hin«, stellten die Medien fest.
Der erste weltweit einheitliche Werbespruch von Mc Donalds spricht gerade deshalb nicht den rational denkenden Teil des Gehirns an, sondern das Gefühl: »Ich liebe es.« Dieser Satz wird in der jeweiligen Landessprache als Werbebotschaft eingesetzt.

Reagieren Sie als Kunde nicht ähnlich? Geht es Ihren Kunden nicht auch so? Sicher denken Sie jetzt an das Stichwort Kundennutzen. Genau aus diesen oben genannten Gründen können Sie eine erfolgreiche Partnerschaft mit Ihren Kunden aufbauen. Der Kunde hat einen Nutzen genauso wie Sie.

Partnerschaft durch Einblicke

Um zu einer Partnerschaft zu kommen, ist es in der Wirtschaft nicht anders als im täglich Leben. Wer auf der Suche nach einem lieben Menschen an seiner Seite ist, der schaut sich erst einmal um (Marktanalyse). Hat man dann jemanden im Blick, beginnt man um ihn zu werben. Man macht sich schick (Corporate Design) und man versucht sich attraktiv (Nutzenbieten) darzustellen. Erfolgreiche Werbe- und Marketingmaßnahmen bei der Partnersuche wird mit einem gemeinsamen Leben – vielleicht sogar der Ehe – gekrönt.

! Die beste Art der Kundenbindung ist die Partnerschaft. Reizen von außen durch Wettbewerber und Fehlern, die Unzufriedenheit verursachen, werden in einer Partnerschaft am längsten widerstanden.

Ziel des Marketing muss es also sein, aus seinen Kunden Partner zu machen. Voraussetzung hierfür ist, dass man sich kennt. Ähnlich wie in einer Ehe sollte jeder von den Marotten und Gepflogenheiten des anderen wissen. Natürlich gehört es auch dazu, diese Gewohnheiten des anderen zu akzeptieren.

z.B. Gewähren Sie also Ihren Kunden Einblicke in Ihr Unternehmen. Wer einmal etwa die komplizierte und vielschichtige Technik im Netzbetrieb der Deutschen Bahn auch nur ansatzweise gesehen hat, der hat spätestens dann Verständnis für die eine oder andere Verspätung. Ein oft kleines Problem kann weite Teile des Fahrplans durcheinander bringen. Technik und Engagement der Mitarbeiter verhindern Schlimmeres. Um auf vielfältigste Weise Einblicke zu vermitteln, hat die Bahn die kostenlose Kundenzeitschrift *Mobil* in ihren Fernreisezügen ausliegen.

Sie müssen kein großer Verkehrskonzern sein, um den Kunden Einblicke in Ihr Unternehmen gewährleisten zu können. Dazu brauchen Sie auch nur bescheidene Mittel in die Hand zu nehmen. Hier einige Beispiele aus verschiedenen Branchen, die Ihnen Anregungen bieten können:
Beispiel Freiberufler: Ein als Steuerberater tätiger Kaufmann lädt einen ausgesuchten Kreis an freien Versicherungsmaklern zweimal jährlich zu sich ins Büro ein. Mit den handverlesenen Partnern bespricht er aktuelle Änderungen in der Gesetzgebung und der Rechtssprechung mit Hinblick auf die Versicherungsbranche. Die Makler sind nicht seine Mandanten, sondern empfehlen ihn nur weiter. Diese Makler erhalten durch die Treffen einen zweifachen Einblick: Wie sieht es bei dem im Büro aus? Hieraus schließen Menschen auf Erfolg, aber auch auf die Arbeitsorganisation des Bürobesitzers. Was hat der im Kopf? Die Vorträge geben Einblicke in das Fachwissen des Steuerberaters.

Tipp Das oben genannte Beispiel ist auch auf Branchen wie Unternehmensberater oder auch Handwerker übertragbar. So kann ein Parkettleger Gebäudereiniger über Innovationen im Bereich der Parkettpflege informieren. Ergebnis kann sein, dass der Gebäudereiniger den Parkettleger seinen Kunden als Fachmann empfiehlt. Der Parkettleger kommt so an einen neuen Kundenkreis.

Beispiel kleines Handwerk: Ein Bäckermeister mit fünf Beschäftigten – also ein kleiner Betrieb – lädt seine Kunden jährlich einmal dazu ein, ihre Brötchen in seiner Backstube selbst zu backen. Beim ersten Mal standen 20 Kunden am Samstagmorgen um 4 Uhr in der Backstube. Beim zweiten Mal waren es 50 Kunden (aus logistischen Gründen auf zwei Samstage aufgeteilt), die örtliche Tageszeitung und das Landesfernsehen. Kosten für den Betrieb: kaum der Rede wert. Der Erfolg war dagegen gigantisch.

Tipp Das ist übertragbar auf alle Branchen, in denen produziert wird. Action zieht auch auf Messen und Präsentationen Menschen an. Auch hier kann ja vor den Augen der Kunden produziert werden. So hat zum Beispiel ein Steinmetz kleine Sandsteinstücke vorbereitet, die die Besucher dann unter fachlicher Anleitung zu kleinen Vogeltränken bearbeiten konnten.

Beispiel großes Handwerk: Eine Großbäckerei in Österreich hat in ihren Produktionsbetrieb einen Laden mit Café integriert. Einblicke in die Produktion erlangen die Kunden von einem so genannten »Backstage« aus. Von diesem Balkon kann man die gesamte Produktion überblicken. Übrigens: Dafür wird Eintritt verlangt, der beim Einkauf wieder gutgeschrieben wird.

Tipp Dies Beispiel ist auch auf kleinere Dimensionen übertragbar. Möglich ist zum Beispiel Front-Cooking im Gastgewerbe oder die digitale Fotonachbearbeitung direkt im Laden des Fotogeschäftes vor den Augen der Kunden. Diese Action vermittelt Einblicke.

Beispiel Einblicke online: Mit Hilfe von Web-Cams kann der Kunde jeden Arbeitsplatz einer Kfz-Werkstatt »überwachen«. Während sein Auto dort in der Reparatur ist, kann er den Arbeitsfortschritt über das Internet mitverfolgen. Ziel ist, so vom Image der nicht transparenten Arbeit – die haben mehr gemacht als gemacht werden sollte – abzukommen. Die Akzeptanz der Kunden kann aufgrund der Seitenzugriffe als sehr gut bezeichnet werden.

Tipp Das ist übertragbar auf alle Branchen. Insbesondere bei sensiblen Arbeiten (u. a. Lebensmittelbranche) kann so Vertrauen beim Kunden aufgebaut werden.

Beispiel Homepage: Oft telefoniert man täglich mit einem Geschäftspartner und kennt nicht einmal dessen Gesicht. Dieses Problem hat ein Großhändler erkannt. Die Mitarbeiter des Call-Centers haben einen festen Kundenstamm, den sie täglich nach Bestellungen abtelefonieren. Jetzt können sich die Kunden ein Bild von Ihrem Gesprächspartner am anderen Ende der Leitung machen. Auf der Homepage des Großhändlers sind Bilder der Mitarbeiter und ein kurzes Zitat von jedem veröffentlicht. Die Seitenzugriffe sind seitdem auf diese, aber auch auf andere Seiten der Homepage gestiegen.

Tipp Auch dies ist übertragbar auf alle Branchen. Wichtig ist, dass die Seiten gepflegt und dem Erscheinungsbild des Unternehmens angemessen angepasst sind. Durch die interne Verlinkung mit anderen Seiten der Homepage können Sie zudem einen Mehrwert für sich und die Kunden schaffen. Möglich ist zum Beispiel eine Produktempfehlung von jedem dargestellten Mitarbeiter.

Natürlich gibt es auch noch Aktionen wie den »Tag der offenen Tür«. In Ladengeschäften können Sie beispielsweise den Kunden neue Mitarbeiter durch Plakate im Schaufenster oder Thekenaufsteller vorstellen. Ein Berliner Konditoreibetrieb backt jährlich eine große Schautorte, auf der Bilder (mit lebensmittelechter Drucktinte auf Zuckerpapier) der neuen Lehrlinge als Dekor gelegt sind. Ihre Phantasie darf hier keine Grenzen kennen und muss immer wieder neue Aktionen für die Kunden hervorbringen. Eine private Partnerschaft muss auch immer durch kleine Liebesgaben am Leben gehalten werden.

Partnerschaft durch Ausblicke

Partnerschaften zeichnen sich dadurch aus, dass alle Seiten die gleichen Ziele verfolgen. Wenn nur einer in einer Fußballmannschaft den Meistertitel holen will, dann ist die Wahrscheinlichkeit, dass dies gelingt, relativ gering. Wollen aber alle Meister werden, dann stimmt auch die Motivation.
Sie und Ihre Kunden verfolgen dieselben Ziele. Ihr Kunde sucht eine Problemlösung und Sie bieten ihm diese. Hier geht es wieder um den Gedanken des Nutzenbietens. Um Nutzenbieter sein zu können, müssen Sie den Nutzen für den Kunden erkennen. Dies können Sie nur, wenn Sie von seinen Problemen wissen.

z.B. Ein Großhandelsbetrieb hat einen Kundenbeirat. Man lädt die Mitglieder des Beirates regelmäßig zu Treffen ein. Hier werden aktuelle Entwicklungen in den Branchen der Kunden von den Kunden erfragt und auch neue Lösungen erstmalig den Kunden vorgestellt. Das Votum des Kundenbeirates zählt genauso wie das Votum der Geschäftsleitung, wenn es darum geht, die neue Dienstleistung in der Praxis anzubieten.

Sie haben durch eine gelebte Partnerschaft mit Ihren Kunden die beste Möglichkeit, deren Probleme als Erster zu erkennen und somit auch als Erster eine Lösung anzubieten. In einer Partnerschaft ist dies leichter möglich als in einer flüchtigen Beziehung. Sie sind in der Partnerschaft mit Ihren Kunden ständig im Dialog. So kann man frühzeitig Entwicklungen erkennen und die Auswirkungen auf die Beziehung einschätzen.

Tipp Ein Kundenbeirat ist genauso möglich, wie regelmäßige Gespräche mit Ihren Kunden. Wichtig ist nur, dass Sie den Kunden aktiv zuhören.
Beachten Sie auch, was zwischen den Zeilen gesagt wird. Ihr Kunde kann ebenfalls das Problem der Betriebsblindheit haben. Hier können Sie ihm helfen. Gleichzeitig zeigen Sie auf diese Weise Fachkompetenz und schaffen Vertrauen.

Zusammenfassung: Kunden suchen Halt und Sie als Unternehmer suchen langfristige Beziehungen. Hier kann geholfen werden. Machen Sie Kunden zu Partnern. Nehmen Sie deren Sorgen und Probleme ernst und zeigen Sie Lösungen auf. Kunden als Partner bleiben Ihnen gegenüber länger loyal, wandern nicht so schnell ab und kaufen regelmäßig und mehr.

Gemeinsam sind wir stark: Netzwerke bilden

Netzwerke mit Kunden und Gleichgesinnten

Der Netzwerkgedanke kommt eigentlich aus den USA. Was dort mit Networking umschrieben ist, hat oder hatte bei uns in Deutschland einen schlechten Ruf. Einige unseriöse Firmen im Bereich des Multilevel-Marketings (Schneeballsystem) haben das Wort missbraucht und seiner eigentlichen Bedeutung enthoben.

! Networking und Netzwerken ist eigentlich ganz einfach: Sie nutzen Ihre Kontakte. Kontakte schaden bekanntlich nur denen, der sie nicht hat. Befreien Sie sich vom Gedanken, dass es unschicklich sei, private Kontakte für berufliche Zwecke zu nutzen. Auch hier bestätigen Ausnahmen die Regel. Ihr Fingerspitzengefühl ist gefragt.

Der Netzwerkgedanke baut also auf der einen Seite auf Kontakte. Kontakte bleiben jedoch nur bestehen, wenn für beide Seiten ein Nutzen erkennbar ist. Sie werden schnell merken, dass Sie eine Fülle von Visitenkarten sammeln können.

Tipp Haben Sie immer genügend Visitenkarten von sich zur Hand. Im Auto, im Jackett, im Terminplaner müssen immer Visitenkarten vorrätig sein. Geben Sie Ihre Visitenkarte gleich am Anfang eines Gespräches Ihrem Gegenüber.

Mit den Visitenkarten von möglichen Partnern haben Sie jedoch erst einmal nur Adressen. Diese müssen systematisiert und gepflegt werden. Hilfreich ist hier entsprechende Software wie etwa die Standard-Software MS Outlook. Im Ordner Kontakte können Sie die entspre-

chenden Adressen eingeben und von Ihnen definierten Kategorien zuordnen.
Ihrem Gesprächspartner, der nun Ihre Visitenkarte auf dem Schreibtisch liegen hat, wird es ähnlich gehen. Er wird prüfen, welchen Nutzen Sie ihm bringen können. Er wird genau wie Sie die Karte weiter bearbeiten. Im negativen Extremfall wird er Ihre Karte wegschmeißen, im positiven Extremfall wird er Sie gleich anrufen oder Ihnen einen Brief schreiben.
Stefan F. Gross bezeichnet das Talent und die Brillanz im Umgang mit Menschen als Beziehungsintelligenz. Das Leitmotiv der Beziehungsintelligenz lautet dabei: »Was Sie geben, erhalten Sie zurück!«
Hier wird die Persönlichkeit und die Eigenart des Partners erfasst und ernst genommen. Ihr Gesprächspartner steht im Mittelpunkt und nicht Sie. Gleichzeitig geben angenehme Gesprächspartner – so die vielfältige Einschätzung – ihrem Gesprächspartner das Gefühl der Stärke und der Selbstachtung.

z.B. Wann haben Sie ein angenehmes Gespräch erlebt? Können Sie rückblickend folgende Aspekte wiedererkennen?

- ❑ Sie waren geistig und körperlich auf einer Augenhöhe mit Ihrem Gesprächspartner.
- ❑ Sie sind der Meinung, dass Sie den Gesprächsfaden in der Hand hatten.
- ❑ Rückblickend merken Sie, dass Sie den größeren Gesprächsanteil hatten.
- ❑ Ihr Gesprächspartner zeigte durch Fragen Interesse an Ihnen.

Diese Beziehungsintelligenz ist sicher die Grundlage für einen guten Kontakt. Nicht umsonst sagt man, dass »die Chemie stimmt«. Nur so kann ich aus Kontakten Partner und aus Partnern Freunde machen, mit denen ich gemeinsam für Ziele eintrete.

> **!** Ein Netzwerk kann dann geschaffen werden und erfolgreich agieren, wenn
>
> - Kontakte vorhanden sind,
> - die Chemie zwischen allen Beteiligten stimmt und
> - ein Nutzen für alle erkennbar ist und auch erreicht wird.

Der Netzwerkgedanke kann zum einen eine direkte Rolle in der Lieferanten-Kunden-Beziehung spielen. Dies ist nahe liegend, weil hier schon eine Beziehung bis hin zur Partnerschaft aufgebaut worden ist.
Der Netzwerkgedanke darf sich jedoch nicht hierauf beschränken. Am Beispiel der Arbeit eines Fischers möchte ich Ihnen bildlich vermitteln, worum es geht. Eine Beschränkung auf die reine Lieferanten-Kunden-Beziehung wäre es, wenn der Fischer nur mit einer Angel fischt. Auch bildlich ist das kein Netzwerk.
Legt der Fischer jedoch sein Netz aus, kann er wesentlich mehr Raum im Wasser abdecken. Er hat größere Chance auf Erfolg und kann Fische fangen, die nicht so einfach anbeißen. Erkennen Sie Parallelen zum Netzwerkgedanken?

Netzwerk an Wissen

Wenn Sie die Entwicklung in der Luftfahrt anschauen, dann wird Ihnen schnell deutlich, wie sich unsere Welt in den letzten Jahrzehnten entwickelt hat. Der Gedanke vom Fliegen beschäftigte die Menschheit schon einige Jahrtausende. Doch erst 1783 ließen die Brüder Montgolfier den ersten Warmluftballon steigen.
Die ersten Gleitflüge mit einem Flugapparat gelangen Otto Lilienthal 1891. Und heute? Billigflieger machen das Fliegen als Reiseform selbst für Normalbürger interessant. Das hat die Entwicklung der Technik ermöglicht.
Nicht nur die Luftfahrttechnik hat in den letzten Jahrzehnten enorme Sprünge gemacht. In nahezu jedem Lebensbereich ist dies so. Wer am Puls der Zeit bleiben will, der muss mit dem Puls der Zeit mithalten.

Wissen ist gerade für Unternehmer und Führungskräfte eines der wichtigsten Werkzeuge.

Tipp Schaffen Sie sich ein Netzwerk von Wissen. Sie müssen nicht wissen, wo alles steht. Sie müssen nur jemanden kennen, der es weiß. So kann man heute das Wissensmanagement beschreiben. Wenn Sie mit MS Outlook arbeiten, dann können Sie hinter den gespeicherten Adressen entsprechende Stichworte hinterlegen. Erhalten Sie eine Visitenkarte von einem Steuerberater mit dem Interessenschwerpunkt Gesellschaftsrecht, dann notieren Sie dies in Ihren Kontakten. So finden Sie schnell Hilfe.

Wissensnetzwerke haben heute auch den Namen Erfa-Kreise, wobei »Erfa« für Erfahrungsaustausch steht. Teilnehmer aus derselben Branche oder auch Teilnehmer aus den verschiedensten Branchen, aber mit ähnlichen Fragestellungen, treffen hier aufeinander. Ziel ist es immer, das gemeinsame Wissen für alle nutzbar zu machen und so den Erfolg jedes Einzelnen zu steigern.

An Erfa-Kreise können Sie sich bei Innungen und Kammern anschließen. Auch Steuer- und Unternehmensberater bieten Erfa-Kreise für ihre Mandanten an. Dies kostet in der Regel Geld. Vorteil ist, dass die Treffen professionell geleitet und moderiert werden. So werden oft auch die Bilanzen in Form von Betriebsvergleichen gegenübergestellt. Jeder einzelne Teilnehmer kann dann seine Zahlen mit den Zahlen des Kollegen vergleichen und hinterfragen.

!

Das führt Erfa-Kreise zum Erfolg:

- Die Teilnahme ist freiwillig.
- Zwischen den Teilnehmern gibt es keinen Wettbewerb.
- Jeder ist offen den anderen gegenüber. Die Grenzen werden selbst bestimmt.
- In den Erfa-Kreisen erworbenes Detailwissen (Geschäftsgeheimnisse!) bleibt vertraulich.
- Die Teilnehmer nehmen nur einstimmig neue Mitglieder auf.
- Es gibt regelmäßige Treffen mit festen Tagesordnungen.
- Zwischen den Treffen besteht die Möglichkeit zum Kontakt untereinander.

Die Informationen zu Erfa-Kreisen werden in manchen Fällen sehr vertraulich behandelt. Fragen Sie bei Ihren Kollegen und Lieferanten einfach mal nach. Hier bekommen Sie oft Infos, die Sie in keiner Fachzeitung lesen und von denen kein Innungsverband weiß.

z.B.

Sie können aber auch Ihren eigenen Erfa-Kreis gründen. So haben sich zum Beispiel ehemalige Kollegen einer Meisterklasse zusammengeschlossen und treffen sich zweimal jährlich zum Gedanken- und Erfahrungsaustausch.
Geschäftsleute aus den verschiedensten Bereichen treffen sich, um einmal monatlich aktuelle Fragen Ihrer Werbung zu besprechen. Was für Kampagnen machen Sie? Wie ist deren Erfolg? Was machen Sie für Anzeigenwerbung? Wo schalten Sie Anzeigen mit dem größten Erfolg? Gefunden haben sich die Teilnehmer übrigens durch eine Kleinanzeige.

Derartige Erfa-Kreise gehen dann schon in Richtung Stammtisch. Dies soll das Ganze jedoch nicht abwerten. Der Stammtisch ist einfach die lockere und zwanglosere Variante des Erfa-Kreises. Was aber nichts darüber aussagt, wie die Ergebnisse zu bewerten sind. Auch so kann man Beruf und Freizeit miteinander verbinden.

Vorsicht bei Erfa-Kreisen von Lieferanten und ähnlichen Geschäftspartnern. Fragen Sie immer nach, ob die Win-win-Situation für alle Seiten im Vordergrund steht.

Netzwerk für den Kunden

Ziel jeder unternehmerischen Tätigkeit muss sein, es den Kunden so einfach wie möglich zu machen. Wie können wir dies erreichen? In vielen Fällen nur durch die mehr oder weniger enge Zusammenarbeit mit Partnern. Mehr denn je sind in enger werdenden Märkten, aber vor allem auch in neuen Märkten Kooperationen gefragt.

z.B. Als Elektrofachbetrieb bieten Sie Photovoltaik-Anlagen an. Für diese Anlagen gibt es ein öffentliches Förderprogramm, das über die Hausbank ausgereicht wird. Nehmen Sie also von Anfang an eine Bank mit ins Boot. Sie können so mit der Planung und dem Angebot auch gleich die Finanzierung vorlegen.

So schaffen Sie eine völlig andere Service-Dimension für Ihre Kunden. Zugegeben, diese Idee ist nicht neu: In jedem Katalog können Sie Ratenzahlungen vornehmen, die über eine Verbraucherbank finanziert sind.

Prüfen Sie: Wie kann ich die von mir angeboten Leistungen durch sinnvolle Leistungen von Partnern ergänzen? Prüfen Sie auch: Wo kann ich meine Leistungen einem Partner anbieten, der so bei den Kunden Pluspunkte sammeln kann? Begutachten Sie Beispiele aus anderen Branchen, um so vielleicht einen ganz neuen Service-Gedanken zu entdecken.

Ziele des Netzwerkes für Kunden:

- Erweiterter Service und zusätzliche Leistung für die Kunden;
- Erschließung neuer Märkte für die beteiligten Unternehmen;
- Verbesserung der Wertschöpfung für die beteiligten Unternehmen.

! Wichtig ist bei derartigen Betrachtungen immer der Blickwinkel des Kunden. Wie kann ich den größtmöglichen Nutzen für den Kunden erreichen? Fragen Sie ihn einfach und hören Sie zu.

Leistung aus einer Hand anbieten, also Kooperationen in vielfältigen Formen, ist das eine, das andere ist aber, diese zu erbringen. Hier scheitert es oft in der Praxis. Möglich sind vor allem folgende Konstellationen:
Zukauf von Leistungen: Sie kaufen zusätzliche Leistungen ein, zu um so dem Kunden ein umfassendes Angebot machen zu können.

Überzeugen Sie sich vorab von der Qualität und der Lieferfähigkeit. Vereinbaren Sie dies gegebenenfalls schriftlich, um Ihrerseits Vertragsstrafen entgehen zu können.

z.B. Eine Komplettbadrenovierung können Sie als Installateur anbieten. Leistungen wie die Installation der Elektroanschlüsse, das Fliesenlegen oder Schreinerarbeiten können Sie zukaufen. Einziger Ansprechpartner für den Kunden sind Sie.

Mit der Novellierung der Handwerksordnung können Sie zudem ganz offiziell Arbeiten ausführen, die mit Ihrem Gewerk verwandt sind.
Empfehlungsgeschäft: Sie empfehlen Ihren Kunden den entsprechenden Geschäftspartner. Alles andere wird zwischen den beiden erledigt. Sie haben keine weitere Aufgabe. Die Möglichkeit der Vergütung kann gestellt werden. Auf der anderen Seite können aber auch Empfehlungsgeschäfte zu Ihnen hin angeschoben werden. Also ein Win-win-Situation für beide Seiten.

Vorsicht bei Empfehlungen. Werben Sie nur für jemanden, von dem Sie überzeugt sind. Wenn etwas schief geht, lastet man es sonst leicht Ihnen an.

Arbeitsgemeinschaft: Sie bieten gemeinsam an und führen dann getrennt aus. Wichtig hierbei ist, dass der Kunde feste Ansprechpartner in den beteiligten Firmen hat. Noch besser ist es, wenn ein Ansprechpartner alles koordiniert. Die Gesamtkoordination obliegt einem der Partner.

Wichtig ist auf alle Fälle, dass die Aufgaben von Anfang an klar verteilt sind.

Gemeinsames Unternehmen: Sie schließen sich mit Partnern zu einem gemeinsamen Unternehmen zusammen, das in einer eigenen Rechtsform die gemeinsamen Aufträge abwickelt. Die beteiligten Partner treten als Subunternehmer auf und führen die Teilaufträge auf.

Beachten Sie hier die Haftungsrisiken. Unter Umständen haften Sie für Fehler der anderen. Hier ist eine entsprechende Rechtsform wie GmbH zu wählen.

z.B. Ein Hausbau braucht viele helfende Hände. Von der Planung bis zum Einzug sind über zehn Handwerksgewerke beteiligt. Das kann auch anders gehen. Ein Zusammenschluss von einem Baubetrieb, Zimmerer, Installateur, Elektroinstallateur und Schreiner bieten Häuser schlüsselfertig an. Leistungen, die nicht selber erbracht werden können, werden zugekauft. Der Bauherr hat einen Ansprechpartner und bekommt eine Rechnung. Gewährleistungsträger ist die von den Kooperationspartnern gegründete Firma in Form einer GmbH.

Dies sollten Sie bei Kooperationen beachten:

- ❑ Kooperationen basieren auf gegenseitigem Vertrauen.
- ❑ Sie achten auf rechtliche Aspekte hinsichtlich Gewährleistung und Haftung.

Um den Geist der Kooperation zu stärken, sollten Sie sich regelmäßig mit Ihrem Kooperationspartner treffen. Hier können Probleme analysiert und das weitere Vorgehen geplant werden.

Tipp Bei Handwerkskammern und IHKs gibt es oftmals Kooperationsbörsen und teilweise auch eigene Kooperationsberater. Über diese können Sie Kontakt zu den entsprechenden Partnerunternehmen finden.

Zusammenfassung: Gemeinsam wissen Sie mehr. Gemeinsam schaffen Sie mehr. Denken, planen und handeln in Netzwerken schafft Erfolg. Finden Sie Partner, die Ihnen helfen und helfen Sie Ihren Partnern. Der Netzwerk-Gedanke funktioniert dann am besten, wenn alle Seiten gewinnen. Gerade die Kunden werden dies zu schätzen wissen.

Schlusswort: Jetzt geht´s los! – Was Sie jetzt tun sollten

Im vorliegenden Buch habe ich Ihnen eine Fülle von Wissen und praktischen Beispielen unterbreitet. Ihre Aufgabe ist es nun, Ihre ganz persönlichen Schlüsse zu ziehen. Die Beispiele dienen dazu, Sie anzuregen. Beispielgebend heißt nicht, dass Sie es eins zu eins umsetzen müssen. Sie sind es, der Ihr Unternehmen einzigartig machen kann. Durch Ihr Tun heute können Sie das Morgen positiv gestalten. Sie haben es in der Hand.

Für jeden Abschnitt des Buches möchte ich Ihnen ein Zitat mit auf den Weg geben:

Unternehmer:

Du kannst nur das in anderen entzünden, was in dir selbst brennt! (Augustinus)

Unternehmen:

Nicht weil die Dinge schwierig sind, wagen wir sie nicht, sondern weil wir sie nicht wagen, sind sie schwierig. (Verfasser unbekannt)

Mitarbeiter:

Was du willst, dass dir Menschen tun, tue Ihnen. (Verfasser unbekannt)

Kunden:

Es gibt nichts Wirksameres und Lohnenderes, als echtes Interesse an anderen Menschen zu zeigen. (Dale Carnegie)

»Wer lernt und nichts verändert, der hat nichts gelernt«, so schloss Kurt Nagel eine seiner Vortragsveranstaltungen. Ich schließe mich dem an. Die besten Wünsche für Ihren Erfolg schickt Ihnen Ihr Hans Stumpf.

Leseempfehlung: Was Sie auch lesen können!

Carnegie, Dale: Der Erfolg ist in dir! Wie man in einer sich rasch verändernden Welt mit Menschen umgeht, Probleme löst und sich durchsetzt. Bern, München, Wien: Scherz Verlag 1995

Christiani, Alexander: Magnet-Marketing. Erfolgsregeln für die Märkte der Zukunft. Frankfurt am Main: Frankfurter Allgemeine Buch 2002

Fischer-Epe, Maren: Coaching. Miteinander Ziele erreichen. Reinbek: Rowohlt Taschenbuch Verlag 2004

Fournier, Cay von: Das Geheimnis der LebensBalance. Berlin: Schmidt-Colleg 2003

Groß, Stefan F: Beziehungsintelligenz. Talent und Brillanz im Umgang mit Menschen. München: Redline Wirtschaft bei Verlag Moderne Industrie 2002

Grün, Anselm: Quellen innerer Kraft. Erschöpfung vermeiden – positive Energien nutzen. Freiburg i. Br., Basel, Wien: Herder 2005

Helfrecht, Manfred, Werner Bayer, Christoph Beck: Zukunft gestalten, Ziele erreichen. 35 Erfolgsbausteine für das persönliche und unternehmerische Lebensmanagement. Bad Alexandersbad/Bayern: HelfRecht 2004

Küstenmacher, Werner Tiki; Lothar J. Seiwert: Simplify your life, Einfacher und glücklicher leben. 12. Aufl. Frankfurt a. Main: Campus Verlag 2004

Richter, Christian: Der authentische Manager. Wie Sie glaubwürdig führen, Vertrauen schaffen und mehr erreichen. Frankfurt a. Main: Redline Wirtschaft bei Ueberreuter 2004

Seiwert, Lothar J.: Das 1 x 1 des Zeitmanagement. 24. Aufl. Frankfurt a. Main: mvg-Verlag 2004

Über den Autor:

Hans Stumpf, Bäckermeister und Betriebswirt des Handwerks, ist mit seinem Unternehmen marketing office für Handwerksunternehmen und die mittelständische Wirtschaft tätig. Branchenübergreifend erarbeitet er Lösungen für die Unternehmen. Trotz vielfältiger Detailprobleme ist das Grundproblem meist gleich: Die Kunden werden nicht als diese erkannt.
Lebendige Vorträge, Workshops und Learning by doing sind Werkzeuge, mit denen Hans Stumpf die Unternehmer und deren Mitarbeiter dazu bewegt, dass sie es im wahrsten Sinne des Wortes „begreifen". Statt leeren Worthülsen wird ganz praktisch aufgearbeitet was zu tun ist und wird auch gemeinsam umgesetzt. Seine Unternehmen marketing office bietet:

- Vorträge,
- Workshops und Trainings,
- Betriebswirtschaftliche Beratung mit dem Schwerpunkt Marketing,
- Umsetzung von Marketingmaßnahmen wie Corporate Design, Werbung, Presse- und Öffentlichkeitsarbeit für seine Kunden.

Haben Sie Fragen zum Buch? Wollen Sie etwas näher erläutert bekommen? Dann setzen Sie sich gerne mit Hans Stumpf per E-Mail in Verbindung: stumpf@marketingoffice.de Checklisten und Vortragsmanuskripte können Sie auch auf der Homepage www.marketingoffice.de downloaden.

Stichwortverzeichnis

A

AIDA-Formel 161, 165
Arbeitsunterweisung 127 ff.
Aufbewahrungspflicht 61
Ausbilden 123 ff.

B

Balance 12, 47, 51
Bedürfnispyramide 114, 115
Bedürfnisse 13, 41, 51, 68, 73, 81, 113, 150, 176
Bewerbungstest 126
Bindung, emotionale 71, 73
Businessplan 12, 77, 79, 88, 92

C

Checklisten
- Businessplan 78
- Jahresplanung 38
- Monatsplanung 45
- Lebensziel 35
- Unternehmer 20
Controlling 13, 27, 101 ff.
Corporate Design 183, 190, 193
Corporate Identity 183, 185, 190

D

Direktmailing 160 ff., 176, 192

E

E-Mail 61, 188, 192
Engagement der Mitarbeiter 194
- in Verbänden 19
- soziales 38
- berufliches 50
Erfolge feiern 26

F

Feedback 30, 55, 117
- Bogen 154
Finanzhilfen 93
Finanzierungsplan 81
Forderungen 91, 97

G

Gesundheit 48, 52, 114, 165
Google 62, 74

H

Handwerksordnung 16, 205
Homepage 13, 97, 125, 196

I

Ideen 181, 183
Ideenblatt 121, 122
Investitionsplanung 89, 90
ISO-Zertifizierung 106

J

Jahresplanung 38, 45
Jahresziel 37, 44

K

Kalkulation 84, 87, 97
Kapitalbedarfsplan 80, 91
Kardinaltugenden 29
Kommunikation 12, 56, 60, 64, 128, 147, 173, 178
Kommunikationsmittel 12, 184
Kostenartenrechnung 85
Kostenstellenrechnung 86, 87
Kostentreiber 103
Kostenträgerrechnung 86
Kredit 13, 90, 92, 94, 151

Kunde 11, 31, 35, 66, 72, 133, 134 ff.
Kundenbeirat 74, 150, 198
Kundenbegeisterung 180
Kundenkartei 138, 151
Kundenzeitschrift 142, 189, 190, 194

L

Lebensbereiche 48, 49, 55, 94, 201
Lebensziel 31, 33, 35, 45
Lebenszyklus von Produkten 69
Liquiditätsplan 81

M

Mahnung 98, 100
Marketing 13, 141, 157, 175ff., 181, 190
Marktlücke 149
Marktplatz 73, 144, 177
Menschen auswählen 109
Mitarbeiter 11, 23, 31, 56, 107 ff., 118ff., 140, 175, 178, 197, 209
Mitarbeiter fordern 120
Mitarbeitergespräch 117, 118
Monatsplanung 45, 46
Motivation 111ff., 126, 197
Motivationsproblem 119

N

Netzwerk 14, 199 ff.
Neue Märkte 75
Nutzenbieten 143, 145, 193

O

Organisation 46, 104 ff., 122

P

Partnerschaft 191, 193, 197, 201
Positive Gedanken 55
Präsentation 60, 63, 195
Praktikum 126
Press- und Öffentlichkeitsarbeit 185

R

Rating 13, 94 f.
Rechnungen 17, 99, 154
Reklamation 140, 152, 171 ff., 179
Rentabilitätsvorschau 81, 82, 92, 101

S

Servicewüste 65, 140
Stellenausschreibung 107, 108
Stundenverrechnungssatz 86, 87, 143

T

Tageszeitung 186, 187, 192, 195
Telefonieren 60, 170
Trends 116, 149

U

Unternehmer 15, 18, 20, 46, 61, 74, 84, 97, 101, 119, 149, 176, 191, 198, 202, 209
Unternehmergeist 18, 22
Unternehmerlohn 85
Unternehmertests 22
Unternehmerwissen 19
Unternehmerziel 19

V

Verkaufsgespräch 134, 167
Vorschlagswesen 76, 121

W

Werbung 107, 114, 154, 157 ff., 191, 203
Werte 28, 39, 70, 83, 109, 184, 190

Z

Zahlungserinnerung 94, 100
Zeitdiebe 40, 43, 51
Zeitplanung 12, 39, 47, 51
Zeitungsanzeige 86, 159
Zeugnisse 109, 125
Ziele 12, 19, 23, 25, 31, 37, 77, 107, 116, 189, 191, 200, 204
Zielgruppe 143, 145, 148, 159, 175, 182